Sabine Seyffert (Lieder: Detlev Jöcker)

Meine WeihnachtsZauberwelt

mit neuen Spielideen, Bastelvorschlägen,
kinderleichten Rezepten und Liedern

Illustrationen: Susanne Krauß

Menschenkinder

Die 12 Lieder dieses Buches gibt es auch auf der
CD / MusiCassette „Meine WeihnachtsZauberwelt",
erhältlich im Buch- und Fachhandel oder beim
Menschenkinder Verlag,
An der Kleimannbrücke 97, 48157 Münster

Für Nele

1. Auflage 1998
Menschenkinder Verlag, 48157 Münster
Alle Rechte vorbehalten. Nachdruck - auch auszugsweise -
nur mit Genehmigung des Verlages.
Druck: Westermann Druck Zwickau GmbH
Redaktion: Jutta Nymphius, Hamburg
Satz und Layout: Pixel's Corner, Münster
Notengrafik: Kuntze-Music, Georgsmarienhütte

Printed in Germany 1998

Die Deutsche Bibliothek - CIP-Einheitsaufnahme

Meine WeihnachtsZauberwelt : mit neuen Spielideen, Bastelvorschlägen,
kinderleichten Rezepten und Liedern / Sabine Seyffert (Lieder: Detlev Jöcker).
Ill.: Susanne Krauß. - Münster : Menschenkinder, 1998
CD-Ausg. u.d.T.: Meine WeihnachtsZauberwelt
ISBN 3-89516-080-6

Inhaltsverzeichnis

Reihenfolge der Lieder auf der CD/MC

Eine tolle Idee!

Heute ist der erste Advent. Nele und Florin helfen Mama den Frühstückstisch zu decken, während Papa in der Küche Kaffee kocht und warmen Kakao anrührt. Auf dem Tisch liegt eine dunkelblaue Decke, die mit kleinen goldenen Sternchen bedruckt ist.

In der Mitte steht ein Adventskranz, den Papa aus Tannenzweigen gebunden und mit vier blauen Kerzen geschmückt hat. Florin deckt für jeden Teller, Tassen und Besteck. Nele sorgt dafür, dass Marmelade, Butter und Käse nicht fehlen. Aus der Küche zieht ein wunderbarer Duft herüber, und kurze Zeit später erscheint Mama mit einem Korb, in dem frisch gebackene Hörnchen und Brötchen liegen.

Als alle schließlich am Tisch sitzen, zündet Papa die erste Kerze auf dem Adventskranz an. „Guten Appetit und einen schönen ersten Advent wünsch' ich euch allen!", sagt er, als das Licht der Kerze aufleuchtet.

„Und ich wünsche euch diesmal eine ganz besondere Adventszeit!", sagt Mama, während sie Papa zublinzelt und ganz geheimnisvoll tut. Die lebhafte Nele beginnt vor Spannung unruhig auf ihrem Stuhl hin und her zu rutschen.

„Bevor Nele gleich samt Stuhl umfällt, werden wir euch beiden unsere kleine Überraschung verraten", sagt Papa und schaut Mama an. Als diese ihm aufmunternd zunickt, erzählt Papa: „Also, in

diesem Jahr haben Mama und ich uns mal etwas anderes für die Zeit bis Weihnachten überlegt. Wir haben vor, euch einen ganz besonderen Adventskalender zu schenken, der uns allen großen Spaß machen wird."

Nun ist auch Florins Neugierde geweckt. Denn die Kalender mit Schokolade oder kleinen Bildern waren ihm mittlerweile richtig langweilig geworden. Die Idee seiner Eltern, einen ganz besonderen Adventskalender zu schenken, kommt ihm deshalb gerade recht.

„Und was ist das für ein Adventskalender?", fragt Nele neugierig.

„Ja, wisst ihr", sagt Mama. „Wir möchten die Zeit vor Weihnachten gern mit euch gemeinsam genießen. Und aus diesem Grunde haben wir uns überlegt, an jedem der vierundzwanzig Tage etwas zusammen zu machen. Dinge, die mit Weihnachten zu tun haben und die uns die Zeit bis dahin nicht so lang erscheinen lassen. Wir haben vierundzwanzig Sterne vorbereitet. In jedem von ihnen liegt ein kleiner Zettel, auf dem steht, was wir im Laufe des Tages gemeinsam machen werden. Ab Morgen also dürft ihr beiden abwechselnd einen Stern öffnen."

„Das hört sich spannend an!", sagt Florin und freut sich schon jetzt auf den nächsten Tag, an dem der erste Stern geöffnet wird ...

1. Dezember

An diesem Morgen sind Nele und Florin schon sehr früh wach. Zu gespannt sind sie auf den neuen Adventskalender, von dem ihre Eltern gestern beim Frühstück sprachen. Nele springt aus ihrem Bett und läuft erwartungsvoll in den Flur, und dort hängen an einer langen Kette 24 Sterne.

„Florin! Florin, du musst kommen und mir helfen!", bettelt Nele und sieht ungeduldig zu der Sternenkette hinauf.

„Du willst doch sonst immer alles alleine machen!", antwortet Florin, während er sich seine Augen reibt und verschlafen in den Flur tapst.

„Aber ich weiß nicht, wie eine Eins aussieht, und lesen kann ich doch auch noch nicht!", gibt Nele zurück. Florin, der schon zur Schule geht und ein bisschen lesen kann, macht sich auf die Suche nach der Nummer 1. Nachdem er die Sterne alle einmal durchgesehen hat, erkennt er schließlich den für den ersten Dezember.

„Da, schau, Nele! Dort hängt der erste Stern, den wir heute öffnen dürfen. Pass auf, ich heb' dich hoch und du darfst ihn öffnen, abgemacht?", schlägt Florin seiner kleinen Schwester vor.

„Abgemacht! Also heb mich schon hoch!", sagt Nele energisch und reckt ihre Arme in die Höhe.

In der Mitte des Sterns ist eine kleine Schachtel, die man aufschieben kann. Als Nele diese öffnet, findet sie einen Zettel, den Mama mit großen, ordentlichen Buchstaben beschrieben hat, damit Florin ihn auch bestimmt lesen kann.

„Hier", sagt Nele und reicht ihrem Bruder den Zettel. „Was steht drauf?"

Florin nimmt das Stück Papier und schaut es sich angestrengt an. Nach einer Weile liest er laut vor:

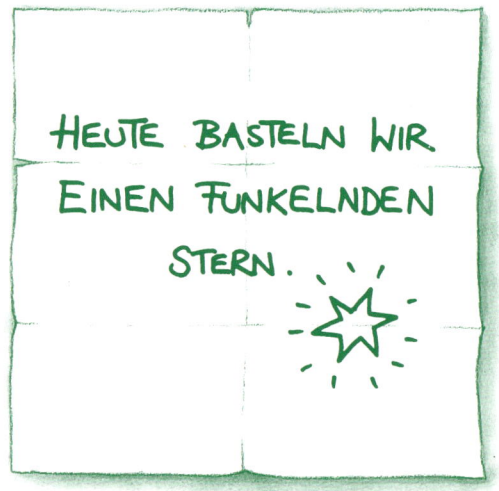

„Toll!", findet Nele und läuft zurück ins Kinderzimmer, um sich anzuziehen.

Am späten Nachmittag, als Papa von der Arbeit nach Hause kommt, ist der große Tisch im Esszimmer schon vorbereitet.

Auf ihm liegen folgende Dinge:

- *Eine Wachstischdecke als Unterlage (ersatzweise ein altes Tuch oder Zeitungspapier)*
- *Dicke Pappe*
- *Eine scharfe Schere*
- *Ein dicker Nagel oder ein Handbohrer*
- *Eine Lichterkette*
- *Pinsel*
- *Abtönfarbe oder wasserlöslicher Lack*
- *Ein Stück goldene Kordel*

Mama erklärt nun, wie der Stern gebastelt wird:

- *Zunächst wird auf die dicke Pappe ein großer Stern gezeichnet und mit der Schere ausgeschnitten.*
- *Dann bohrt man mit dem dicken Nagel oder dem Handbohrer viele Löcher kreuz und quer in den Pappstern.*
- *Anschließend wird die Pappe mit der Farbe bemalt. Wenn diese ganz getrocknet ist, steckt man durch jedes der Löcher ein kleines Licht der Lichterkette.*
- *Zum Schluss befestigt man die Kordel an einer Zackenspitze und hängt den Stern an ein Fenster oder eine Wand. Wenn man die Lichterkette in die Steckdose steckt, hat man einen tollen Stern, der wie ein richtiger Sternenhimmel bei Nacht funkelt!*

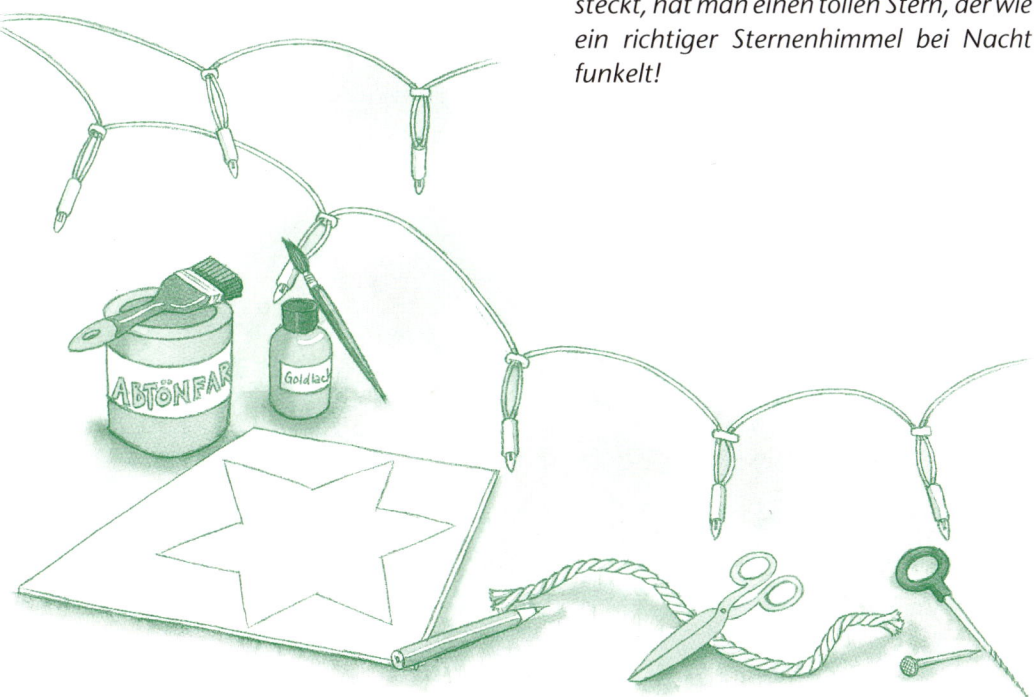

„Wenn ihr beiden noch Lust habt, könnt ihr aus der restlichen Pappe noch kleine Sterne oder einen Mond ausschneiden, den ihr bemalt und zu dem großen Lichterstern hängt", schlägt Papa vor. „Doch jetzt lasst uns erst einmal anfangen!"
Eifrig basteln Nele und Florin mit Hilfe ihrer Eltern einen wirklich tollen Lichterstern. „Den hängen wir ins Kinderzimmer!", ruft Florin. „Dann sieht es da auch weihnachtlich aus."
„Oh, ja!", stimmt Nele begeistert zu. Und gemeinsam suchen sie sich einen besonders schönen Platz für ihren kleinen Sternenhimmel aus.

Als Nele und Florin am Abend im Bett liegen und der Lichterstern das Kinderzimmer beleuchtet, kommen Mama und Papa noch einmal herein, um Gute Nacht zu sagen. „Das war eine richtig tolle Überraschung!", lobt Florin die Idee seiner Eltern. „Ja, wirklich!", stimmt auch Nele zu. „Und viel aufregender als ein Adventskalender mit Schokolade. Denn die isst man ja doch gleich auf und nichts erinnert mehr an Weihnachten."
„Dann schlaft jetzt ein und träumt was Schönes!", lächelt Mama und Papa schließt leise die Kinderzimmertür.

Wir wollen Frieden

Text und Musik: Detlev Jöcker

1. Men - schen geh'n durch die dunk - len Stra - ßen,
2. Und al - le, die den Stern ge - se - hen,

doch plötz - lich blei - ben vie - le stehn.
die spür'n ein Licht, so hell und klar.

Sie schau - en in den A - bend - him - mel,
Und je - der wünscht sich tief im Her - zen,

be - stau - nen das, was sie dort o - ben sehn.
ein al - ter Mensch - heits - traum würd' end - lich wahr,

Ein Stern, viel grö - ßer als die an - dern,
in dem die Men - schen die - ser Er - de

der leuch - tet hell am Fir - ma - ment
in Freund - schaft zu - ei - nan - der stehn,

und weckt die Sehn - sucht nach dem Frie - den,
und mit Res - pekt vor je - dem Le - ben

weil je - der die - ses Zei - chen kennt.
sie dann den Weg der Lie - be gehn.

Wir wol - len Frie - den auf der Er - de. Wir wol - len

Frie - den auf die - ser Welt. Dass für die Men - schen mit die - ser

Hoff - nung sich die dunk - le Nacht zum Tag _ er - hellt.

Komm, reich mir dei - ne Hand, dann

bleibst du nicht al - lein, _ und lass uns ler - nen zu ver - stehn, _

dass wir nur im Ver - traun und Mut auch zu ver - zeihn _ das

hel - le Licht des Frie - dens wirk - lich sehn. Wir wol - len

Da Capo Refrain

2. Dezember

Als Nele und Florin an diesem Morgen den zweiten Stern ihres Adventskalenders öffnen, finden sie darin einen großen Zettel, auf dem viel geschrieben steht. Florin braucht eine ganze Weile, bis er ihn entziffert hat:

HEUTE IST IM DORF MARKT. NACH DEM MITTAGESSEN WERDEN WIR ZUSAMMEN DORTHIN GEHEN UND ETWAS GANZ BESONDERES KAUFEN. LASST EUCH ÜBERRASCHEN...

„Was wir wohl einkaufen werden?", denkt Nele laut nach.
„Du wirst es schon früh genug erfahren!", beruhigt Florin seine kleine Schwester. „Lass uns jetzt lieber den Frühstückstisch decken, mein Magen knurrt nämlich schon!"

Nach dem Mittagessen ist es endlich soweit. Gemeinsam gehen Nele, Florin und Mama zum Marktplatz, auf dem viele Stände aufgebaut sind. Es gibt dort frisches Obst und Gemüse, Käse, Milch, Eier und vieles mehr. Nele weiß gar nicht, wo sie zuerst hinsehen soll.
„Kommt, ihr beiden!", sagt Mama. „Schließlich sind wir hier, um etwas ganz Besonderes zu kaufen. Wir brauchen nämlich Äpfel und Walnüsse."
„Och", mault Nele. „Das ist doch nichts Besonderes!"
„Wart's ab," lacht Mama, „du wirst schon sehen ..."
Zu Hause hat Papa bereits die restlichen Dinge zurechtgelegt. „So", meint er. „Jetzt basteln wir Apfelmännchen! Solche habe ich damals, als ich klein war, mit meiner Großmutter gemacht. Passt auf, erst einmal sehen wir nach, ob wir auch alles beisammen haben."

Pro Männchen braucht man:
- *Einen Apfel*
- *Einen hölzernen Zahnstocher*
- *Eine Walnuss*
- *Etwas flüssigen Klebstoff*
- *Watte*
- *3 Gewürznelken*
- *Einen dünnen Filzstift*
- *Eine Schere*
- *Etwas roten Filz*

„Fehlt noch was?", fragt Papa. Doch Mama schüttelt den Kopf und beginnt damit ihr Apfelmännchen zusammenzusetzen.
Das macht sie so:

- *Zuerst entfernt sie den Apfelstiel und pikt an diese Stelle den Zahnstocher zur Hälfte in den Apfel.*
- *Dann steckt sie die Walnuss an der Stelle, an der die Nähte einen Wulst bilden, auf den Zahnstocher.*
- *Danach drückt sie die Nelken in den Apfel, sodass der „Bauch" des Apfelmännchens 3 schöne Knöpfe bekommt.*
- *Mit dem Stift malt Mama auf die Nuss ein freundliches Gesicht und streicht auf den unteren Teil etwas Klebstoff, auf den sie dann ein bisschen Watte drückt. Jetzt hat das Männchen einen schönen, langen Bart.*
- *Nun fehlt noch der rote Hut, den sie mit der Schere aus dem Filz schneidet und auf den Kopf des Apfelmännchens klebt. Fertig ist der runde Kerl!*

Als jeder sein Apfelmännchen fertig hat, holt Mama ein kleines Tablett, auf dem sie eine rote Serviette ausgebreitet hat. Nele und Florin stellen ihre Apfelmännchen darauf und Mama und Papa machen es ihnen nach.
„Die Apfelmännchen sehen richtig lustig aus", sagt Nele, während sie eines nach dem anderen begutachtet. „Aber Papa, deins hat ja gar keinen Bart!"
„Nein", lacht Papa. „Ich habe nämlich eine Apfelfrau gemacht!"
„Prima", ruft Nele, „dann mache ich noch eine Apfeloma mit weißen Haaren, dann haben wir bald eine ganze Apfelfamilie!"

3. Dezember

liest Florin seiner Schwester Nele den dritten Zettel des Adventskalenders vor.

Am späten Nachmittag ruft Mama aus der Küche: „Nele! Florin! Kommt mal zu mir. Dann können wir anfangen zu kochen!"

Schnell flitzen Nele und Florin zu ihrer Mutter, die mit einer bunten Schürze bekleidet am Herd steht.

„Ich wollte mit euch heute einen weihnachtlichen Spinatkuchen backen. Der ist so einfach, dass ihr meine Hilfe kaum brauchen werdet. Schaut mal her, ich habe euch schon alles bereitgelegt, was ihr zum Kochen braucht:

- *Margarine*
- *1 Paket tiefgekühlten Blätterteig*
- *1 Paket tiefgekühlten Blattspinat*
- *1 großes Stück Schafskäse*

Und so geht es:

- *Ein Backblech wird mit Margarine eingefettet.*
- *Den angetauten Blätterteig legt man bis auf ein Blatt auf dem Backblech aus.*
- *Dann wird der abgetaute Blattspinat mit den Händen gut ausgedrückt und anschließend gleichmäßig auf dem Teig verteilt.*
- *Jetzt bröckelt man den Schafskäse über den Spinat.*
- *Aus dem letzten Teigblatt werden mit einer kleinen Plätzchenform Sterne ausgestochen. Diese verteilt man auf dem belegten Blech.*
- *Nun kann der Kuchen in den Ofen geschoben und bei 175-200° ca. 30 Min. gebacken werden.*

Und wirklich haben Nele und Florin den Spinatkuchen im Handumdrehen fertig. Als Papa kurz darauf zur Tür hereinkommt, ruft er: „Hm, duftet das aber gut. Was gibt's denn heute Abend?"

„Spinatkuchen!", platzt Nele heraus. „Den haben Florin und ich ganz allein gemacht!"

„Dann wollen wir mal testen, ob er genauso gut schmeckt, wie er riecht!", lacht Papa und beginnt den Tisch zu decken. Und schon bald darauf ist das Blech bis auf das letzte Krümelchen leer gefegt.

4. Dezember

„Nur noch zwei Tage bis Nikolaus!", ruft Nele und flitzt wie jeden Morgen sofort nach dem Aufwachen zum Adventskalender. Florin liest laut den Zettel vor, der in dem 4. Stern versteckt ist:

HEUTE WOLLEN WIR NIKOLAUS-PLÄTZCHEN BACKEN!

Am Nachmittag geht es los. Als Erstes rührt Nele mit Mamas Hilfe den Teig für ihre Lieblingskekse an. Dazu nimmt sie folgende Zutaten:

Knusprige Vollkornkekse

- *200 g Margarine*
- *200 g Zucker*
- *2 EL Wasser*
- *2 Eier*
- *125 g Weizenvollkornmehl*
- *250 g Großblatt-Haferflocken*
- *50 g gehackte Mandeln*
- *Etwas geriebene Bourbonvanille*
- *1 Tafel Zartbitterschokolade*
- *Margarine zum Einfetten oder Backpapier*

- *Zuerst verrührt Nele sorgfältig die Margarine mit dem Zucker.*
- *Dann gibt sie nach und nach die restlichen Zutaten hinzu und rührt sie gut unter.*
- *Zum Schluss hackt sie die Schokolade klein und hebt die Stücke ebenfalls unter den Teig.*
- *Auf das eingefettete Backblech verteilt sie mit Hilfe von 2 Teelöffeln kleine Teigberge. Diese backt sie ca. 15 Min. bei 150°.*

Florin hat sich in der Zwischenzeit das Rezept für die **Marzipansterne** durchgelesen, die er am liebsten isst. Alle Zutaten, die er für den Teig braucht, sucht er sich zusammen und legt sie auf den Küchentisch:

- *200 g Marzipanrohmasse*
- *125 g Butter oder Margarine*
- *200 g Weizenvollkornmehl*
- *2 EL geriebene Mandeln*
- *1 Ei*

- *Florin holt sich eine große Schüssel und verknetet alle Zutaten so lange miteinander, bis diese zu einem geschmeidigen Teig geworden sind.*
- *Anschließend rollt er daraus eine dicke Teigkugel und legt diese für eine $^1/_2$ Stunde in den Kühlschrank.*
- *Dann streut er ein wenig Mehl auf den*

Tisch und nimmt sich etwas von dem Teig. Mit einem dicken Nudelholz rollt Florin den Teig gut aus. Nele hat in der Zwischenzeit alle Ausstechförmchen herausgesucht, die die Form von Sternen haben. Dabei hat sie ganz kleine Sterne gefunden, große und solche, die einen Schweif haben.

- Jetzt stechen die beiden viele Teigsterne aus.
- Mama fettet das Backblech ein und legt die Sterne ganz vorsichtig darauf, damit sie nicht kaputtgehen.

Schließlich zieht ein wunderbarer Plätzchenduft durch die Küche, denn Neles Vollkornkekse sind fertig. Mama holt das Blech aus dem Ofen und schiebt anschließend die Marzipansterne hinein. „Schaut auf die Uhr, ihr beiden.

Die Sterne müssen wir nun bei 175° eine ¼ Stunde backen!"

Als auch die Marzipansterne endlich fertig sind, schlägt Mama vor, diese mit etwas Schokoladenguss und gehackten Mandeln zu verzieren. Also machen sich Nele und Florin etwas Schokolade im Wasserbad warm und bestreichen damit die fertigen Plätzchen. Anschließend streuen die beiden Kinder noch fein gehackte Mandeln darüber.

Am Abend, als Papa endlich nach Hause kommt, setzen sich alle gemütlich ins Kinderzimmer. Während Mama eine besonders schöne Gute-Nacht-Geschichte vorliest, naschen Nele, Florin und Papa von den Nikolaus-Plätzchen.
„So, jetzt aber ab ins Bett, und vergesst nicht, euch vorher die Zähne zu putzen!", sagt Mama mit gespielter Strenge und klappt ihr Buch zu.

WeihnachtsZauberwelt

Text: August van Bebber / Musik: Detlev Jöcker

Ker - zen an, es wer - den im - mer mehr. Bald ist

Weih - nach - ten. Wir freun' uns wie ver - rückt. Ein paar

Ta - ge noch, dann wird der Baum ge - schmückt. Bald ist

schmückt. *Da Capo* Selbst - ge - mach - te Sa - chen bas - tel

ich im Kel - ler. Am Ad - vents - kranz leuch - ten Ker - zen

im - mer hel - ler. Und der Tan - nen - baum wird bald schon

auf - ge - stellt. Dann wis - sen al - le Men - schen, sie ist end - lich

da; die Weih - nachts - Zau - ber - welt. Bald ist
Dal Segno

5. Dezember

An diesem Morgen finden Nele und Florin in ihrem Adventskalenderstern einen Zettel mit einer geheimnisvollen Nachricht:

Am Nachmittag kommt Papa mit einer kleinen Papiertüte nach Hause und ruft Nele und Florin zu sich, die schon ungeduldig gewartet haben.

„Schaut mal, ihr beiden, was ich mitgebracht habe!" Er holt dünne Pinsel und kleine Töpfchen mit Farbe aus der Tüte hervor. „Die brauchen wir, um einen tollen Nikolausteller zu bemalen! Das ist eine spezielle Farbe, mit der man auf Porzellan malen kann", erklärt Papa und nimmt aus der Tasche noch einen weißen Teller heraus.

Nachdem Florin eine alte Zeitung geholt hat, um den Tisch damit abzudecken, machen sich die drei an die Arbeit. Sie malen und malen, bis der weiße Teller kunterbunt ist. Aus der Mitte lächelt ihnen ein freundliches Nikolausgesicht entgegen, das Florin ganz allein dorthin gemalt hat.

„Jetzt lassen wir den Teller gut trocknen und hoffen, dass der Nikolaus uns etwas Schönes drauflegen wird!", sagt Papa.

„Am besten stellen wir ihn dort auf die Fensterbank über die Heizung", schlägt Florin vor, der sich Sorgen macht, dass der bemalte Teller nicht rechtzeitig trocken wird. „Einverstanden", sagt Papa und lächelt verschmitzt.

Am Abend, als Nele und Florin in ihren Betten liegen, kommen Mama und Papa wie immer ins Zimmer, um ihnen Gute Nacht zu sagen.

Nele erzählt Mama ganz genau, wie sie mit Papa den Nikolausteller bemalt haben. Und damit Mama das auch machen kann, zählt Nele ihr alles auf, was man dafür benötigt:

- *Alte Zeitung, um den Tisch abzudecken*
- *Pinsel*
- *Spezielle Keramikfarbe*
- *Einen weißen Porzellanteller*

Papa erklärt dann, dass man auch Tassen und Schüsseln damit bemalen kann und dass die Farbe am besten hält, wenn das Porzellan nicht glatt lackiert, sondern etwas matt und rau ist. „Und die Farbe bekommt man in jedem Bastelgeschäft!", fügt Papa noch hinzu. Doch da fallen Nele und Florin schon die Augen zu …

Wir halten die Laternen

Text und Musik: Detlev Jöcker

1. Wir hal-ten die La-ter-nen und schau-en in das Him-mel leuch-ten Ster-ne für dich und auch für Licht. Am mich. Sie leuch-ten, wenn wir wei-ter-gehn, da-mit wir auch im Dun-keln sehn. Wir hal-ten die La-ter-nen und schau-en in das Licht.

2. Der Mond grüßt aus der Ferne.
   Er hält heut' mit uns Wacht.
   Wir halten die Laternen
   und gehen durch die Nacht.
   Und viele Menschen bleiben stehn.
   Sie freuen sich das Licht zu sehn.
   Wir halten die Laternen
   und gehen durch die Nacht.

3. Der Mond und auch die Sterne,
   die sehn schon müde aus.
   Wir halten die Laternen
   und gehen gleich nach Haus.
   Wir fürchten nichts auf dieser Welt,
   weil unser Licht die Nacht erhellt.
   Wir halten die Laternen
   und gehen gleich nach Haus.

6. Dezember

An diesem Morgen sind Nele und Florin schon sehr früh wach. Denn schließlich wollen sie wissen, ob der bemalte Teller rechtzeitig getrocknet ist und der Nikolaus ihnen etwas darauf gelegt hat. Schnell springen beide aus dem Bett und laufen ins Wohnzimmer. Und wirklich: Auf dem Tisch steht der bunt bemalte Teller und ist gefüllt mit allerlei leckeren Dingen: Nüssen, Mandeln, Mandarinen, und für jeden gibt es einen kleinen Schokoladennikolaus und Plätzchen!

„Toll!", ruft Nele. „So einen tollen Nikolausteller hatten wir noch nie!" Auch Florin ist hellauf begeistert.

„Jetzt aber schnell, Nele, wir haben heute noch gar nicht unseren Stern geöffnet!"

Hastig schieben die beiden Kinder die Schachtel von Stern Nummer 6 auf, nehmen den Zettel heraus und lesen:

LIEBE NELE UND LIEBER FLORIN!

ALSO, DER BEMALTE TELLER HAT MIR SEHR GUT GEFALLEN, DAS HABT IHR WIRKLICH WUNDERSCHÖN GEMACHT! DESHALB HABE ICH AUCH EIN PAAR BESONDERS LECKERE DINGE FÜR EUCH DARAUF GELEGT. AUSSERDEM LASSE ICH EUCH NOCH EINE NIKOLAUSGESCHICHTE HIER, DIE BESTIMMT NOCH NIEMAND KENNT! IHR KÖNNT SIE HEUTE ABEND GEMEINSAM MIT EUREN ELTERN LESEN. NUN MUSS ICH ABER SCHNELL WEITER ZU DEN ANDEREN KINDERN, BIS NÄCHSTES JAHR,

Euer Nikolaus

Nele und Florin verschlägt es fast die Sprache. Ein Brief vom Nikolaus! Und er hat ihnen eine eigene Geschichte dagelassen!

Am Nachmittag machen es sich Mama, Papa, Nele und Florin ganz gemütlich. Sie zünden ein paar Kerzen und den Lichterstern an, den sie vor einigen Tagen gebastelt haben. Der Nikolausteller steht auf dem Tisch. Papa knabbert ein Plätzchen und nimmt schließlich das Blatt Papier, das in dem Stern Nummer 6 war.

Er beginnt zu lesen:

Endlich ist es wieder einmal so weit: Es ist der 6. Dezember! Der Nikolaus hat bereits gestern Abend einen großen Sack gepackt. Darin sind viele Geschenke, die er für alle Kinder auf der Erde gebastelt und anschließend wunderschön verpackt hat. Nun ist der Sack mächtig schwer. Nikolaus hat ihn gestern neben die Haustür gestellt, damit er ihn heute Morgen nur noch auf seinen Schlitten laden muss.
Doch stellt euch vor: Der Nikolaus verschläft! Warm eingekuschelt in seine weiche Decke liegt er immer noch im Bett und träumt einen wunderschönen Traum ...
Glücklicherweise hat der Nikolaus Matthis und Jona, die beiden Rentiere. Die beiden sind immer ganz früh auf und haben sofort gemerkt, dass der Nikolaus noch tief und fest schlummert. So haben sie den mit Geschenken gefüllten Sack auf den Schlitten gestellt und sich auf den Weg zur Erde gemacht, damit die Menschenkinder auch in diesem Jahr ein kleines Nikolauspäckchen bekommen.
Matthis und Jona sind bisher jedes Jahr mit dem Nikolaus zur Erde hinuntergereist und wissen genau, welchen Weg sie nehmen müssen. So ziehen die beiden Rentiere den Schlitten ganz sanft und sicher durch den Schnee, der in dicken Flocken vom Himmel fällt. Die kleinen Glöckchen, die an dem Holzschlitten hängen, klingeln dabei ganz hell und leise ...
Schließlich stapfen Matthis und Jona von Tür zu Tür und stellen jedem Kind ein kleines Päckchen vor die Wohnung.

Zum Schluss ist nur noch ein einziges Päckchen übrig. Für wen mag das wohl sein? Das Päckchen ist natürlich für den Nikolaus! Denn wer so vielen Menschen Freude macht, haben sich Matthis und Jona gedacht, wird selbstverständlich auch nicht vergessen. Das runde Päckchen liegt nun auf dem Schlitten, während die Rentiere sich auf den Heimweg machen. Nach einer langen Fahrt kommen Matthis und Jona wohlbehalten am Haus des Nikolaus' an. „Der schläft wohl immer noch!", sagt Matthis, während er lautes Schnarchen aus dem Schlafzimmer vernimmt. Jona nimmt das Päckchen vom Schlitten, den sie dann wieder in den Schuppen stellen und sorgfältig zudecken. „Dann lass uns das Frühstück vorbereiten. Mir knurrt schon der Magen!", meint Matthis und trabt in die Küche. Dort machen sich die beiden an die Arbeit. Auf einmal ertönt aus dem runden Päckchen ein lautes Klingeln. Es klingelt und klingelt ...
„Huch, was ist denn das?" Der Nikolaus schreckt hoch und reibt sich müde die Augen. „Ach, das war mein Wecker! Gut, dass ich den habe, sonst hätte ich in diesem Jahr bestimmt verschlafen!"

Wach auf, du lieber Nikolaus

Text und Musik: Detlev Jöcker

1. Wach auf, du lie - ber Ni - ko - laus, denn vie - le Kin - der war - ten. Sie

freu - en sich schon so auf dich. Du kannst doch jetzt nicht schla - fen. Wir

klop - fen fest an dei - ne Tür, doch du kannst uns nicht hö - ren. Liegst

in dem war - men Bett und schläfst. Dich kann wohl gar nichts stö - ren.

2. Steh auf, du lieber Nikolaus,
   hörst du die Glocke schlagen.
   Komm, pack die schönsten Sachen ein,
   wir helfen dir auch tragen.
   Ja, endlich bist du aufgewacht,
   und kommst schnell angelaufen.
   Schon ist der Schlitten vollgepackt,
   bald woll'n die Pferdchen laufen.

3. Fahr los, du lieber Nikolaus,
   der Mond ist die Laterne.
   Er leuchtet über jedem Haus,
   auch blinken hell die Sterne.
   Und wo du anhältst, stehen Schuh'
   und Stiefel vor den Türen.
   da legst du die Geschenke rein,
   die Kinderherzen rühren.

4. Kehr um, du lieber Nikolaus,
   die ganzen schönen Sachen,
   hast du verteilt an jedes Haus,
   um Kinder froh zu machen.
   Jetzt kommst du müde wieder heim,
   schläfst unter warmen Decken.
   Doch nächstes Jahr, kannst sicher sein,
   werd'n wir dich wieder wecken.

7. Dezember

An diesem Morgen finden Nele und Florin folgenden Zettel in ihrem Adventskalenderstern:

In eine große Vase im Wohnzimmer hat Mama bereits viele Tannenzweige gesteckt, damit es in der Wohnung langsam etwas weihnachtlicher aussieht. Und um die grünen Tannenzweige noch festlicher wirken zu lassen, basteln Nele und Florin mit ihren Eltern Weihnachtsschmuck.

Dazu liegen folgende Dinge bereit:

- *Wellpappe*
- *Scheren*
- *Goldene Kordel und eine Nadel*
- *Glimmer und Sternchenpailletten*
- *Klebstoff*
- *Goldener Lack*

- *Aus der Wellpappe schneiden Nele, Florin, Mama und Papa kleine Tannenbäume, Sterne, Sternschnuppen und Monde aus.*
- *Einige dieser Figuren bekleben sie anschließend mit den Pailletten und dem Glimmer. Die übrigen werden nur mit dem goldenen Lack besprenkelt.*
- *Zum Schluss, nachdem der Klebstoff und der Lack getrocknet sind, wird durch jede der Figuren mit Hilfe der Nadel ein Stück goldene Kordel gezogen.*

Nele macht sich gleich an die Arbeit und verschönert die vielen Tannenzweige mit dem selbst gebastelten Schmuck.

Florin durchsucht währenddessen einen großen Pappkarton, in dem sich allerhand Strohsterne, Glaskugeln für den Tannenbaum, Krippenfiguren und andere weihnachtliche Dinge befinden. Nach einiger Zeit findet er auch das, wonach er gesucht hat: eine Lichterkette. Diese befestigt er vorsichtig an den Tannenzweigen und steckt dann den Stecker ein. Nun leuchtet das geschmückte Tannengrün wie ein kleiner Weihnachtsbaum!

8. Dezember

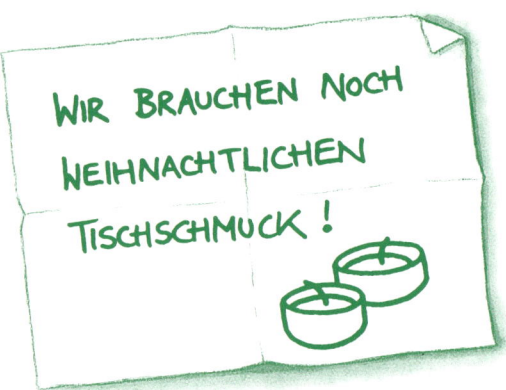

WIR BRAUCHEN NOCH WEIHNACHTLICHEN TISCHSCHMUCK !

- Roten Tonkarton
- Goldenen Sprühlack
- Eine Schere
- Klebstoff
- Teelichter

- Aus dem Tonkarton schneidet Florin mit einer scharfen Schere einige Sterne in verschiedenen Größen und einen schönen Mond aus.
- Nele besprüht die ausgeschnittenen Figuren mit ein wenig goldenem Lack.
- Nachdem dieser ganz getrocknet ist, kleben die beiden auf jeden Stern und auf den Mond ein Teelicht. Fertig ist der Tischschmuck! Und der ist so leicht herzustellen, dass die beiden keine Hilfe dazu benötigt haben.

„Das stimmt!", ruft Nele. Jetzt, wo das Zimmer mit Tannengrün und Fensterschmuck bereits festlich hergerichtet ist, darf auch der Tisch nicht vergessen werden. So machen sich Nele und Florin an die Arbeit und basteln **kleine Teelichthalter**. Das geht ganz einfach und sie brauchen auch nur wenig Material:

„Weißt du was?", fragt Florin seine Schwester. „Diesen tollen Tischschmuck kann man auch Weihnachten als Tischkarten benutzen. Wir müssen nur mit einem dünnen Lackstift die Namen aller Gäste darauf schreiben und die Karten dann neben die Teller stellen! Was hältst du davon, Nele?"

„Oh ja, das machen wir. So haben wir auch eine kleine Überraschung. Nur musst du die Namen auf die Sterne schreiben. Ich klebe in der Zeit die Teelichter fest, einverstanden? Und für die Tischmitte schneiden wir aus goldenem Tonkarton einen ganz großen Mond aus, auf den wir viele Teelichter kleben!"

„Prima Idee!", lobt Florin seine kleine Schwester und macht sich sogleich daran, weitere Sterne und einen großen Mond auszuschneiden.

Bei der Weihnachtsbastelei

Text: Georg Bühren / Musik: Detlev Jöcker

zwei. Ja, ich bin so un - ge-schickt. _____ Bald ist
al - les ganz ver - knickt. Was mach' ich nur, ____ die
Zeit, die rennt, ____ schon ha - ben wir ___ den ers - ten, ___ schon
ha - ben wir den ers - ten ____ Ad - vent.

2. Die Lehrerin war sehr bemüht
und hat uns beigebracht,
wie man aus einem Stückchen Stoff
den schönsten Engel macht.
Zum Schluss wurd' er noch angemalt,
beklebt mit Goldpapier,
bei allen hat es gut geklappt,
doch leider nicht bei mir.
Refrain: Bei der Weihnachtsbastelei ...
... schon haben wir -
den zweiten Advent.

3. Den Kleber habe ich im Haar,
die Farbe im Gesicht,
Geschenke basteln fällt mir schwer,
nein, nein, das kann ich nicht.
Doch da kommt Onkel Franz herein,
erkennt gleich mein Problem,
in meiner Hobbywerkstatt, sagt er,
geht das ganz bequem.
Refrain: Bei der Weihnachtsbastelei ...
... schon haben wir -
den dritten Advent.

4. Wir hämmern und wir hobeln
und wir schneiden Teile aus,
und bald steht schon das Fundament
für Karins Puppenhaus.
„Da wird sich deine Schwester freu'n!",
sagt Onkel Franz und lacht.
Dass Basteln so viel Freude macht,
das hätt' ich nicht gedacht.
Refrain: Bei der Weihnachtsbastelei,
da geht mir nichts mehr entzwei,
ich weiß jetzt, wie so was geht,
und noch ist es ja nicht zu spät.
Mein Onkel sagt,
ich hätt' Talent,
ich schaff's noch bis
zum vierten Advent.

9. Dezember

HEUTE GIBT'S MÜSLI ZUM FRÜHSTÜCK.

steht auf dem Zettel, den Nele aus dem 9. Adventskalenderstern gezogen hat. Sie verzieht das Gesicht: „Müsli mag ich nicht!"

„Du hast es ja noch gar nicht probiert!", sagt Mama fröhlich, die gerade zur Tür hereinkommt.

Als dann alle am Frühstückstisch sitzen, steht dort eine große Schüssel Müsli und ein Krug mit frischer Vollmilch. Florin verteilt das Müsli in vier Schälchen und Nele schüttet etwas Milch über die Portionen. Mit einem kleinen Löffel probiert sie vorsichtig und ist ganz überrascht: „Hm, das schmeckt toll!"

Und nicht nur Nele schmeckt das Knuspermüsli gut. Auch Papa und Florin sind begeistert. Im Nu ist die ganze große Müslischüssel leer.

„Oh, und was essen wir morgen zum Frühstück?", fragt Nele enttäuscht.

„Na, Müsli!", sagt Mama. „Vorausgesetzt, ihr beiden helft mir nachher neues zu machen!"

Nele und Florin nicken zustimmend.

Folgende Zutaten werden für dieses gesunde **Knuspermüsli** benötigt:

- *1 EL Butter*
- *1 EL Honig*
- *1 EL Großblatt-Haferflocken*
- *1 EL Sesamkörner*
- *1 EL Leinsamen*
- *1 EL gehackte Mandeln*
- *1 EL Sonnenblumenkerne*
- *1 EL Kokosflocken*
- *1 EL Rosinen*
- *1 EL Bananenchips*
- *Zimt und Bourbonvanille*

- *Zuerst werden in einer großen Pfanne Butter und Honig erhitzt und miteinander vermischt.*
- *Dann gibt man unter ständigem (!) Rühren alle Zutaten bis auf die Rosinen und die Bananenchips hinzu.*
- *Wenn die Masse leicht gebräunt ist, bröselt man die Bananenchips darüber und gibt die Rosinen hinzu. Fertig ist das Frühstück!*

Am besten schmeckt das Knuspermüsli mit frischer Milch oder etwas Naturjogurt. Wer mag, kann natürlich auch frisches, klein geschnittenes Obst oder andere Zutaten hinzugeben, wie beispielsweise Hasel- oder Walnüsse, Pinienkerne, andere Getreideflocken o.Ä.

10. Dezember

erinnert der Stern Nummer 10 Nele und Florin. Kurz darauf sieht man die beiden eifrig bei der Arbeit. Nele malt ihren Wunschzettel mit bunten Stiften auf ein großes Blatt Papier, während Florin alle seine Wünsche in deutlichen Buchstaben auf einen Tannenbaum schreibt, den er zuvor aus Tonpapier ausgeschnitten hat. Nele möchte sich noch ein kleines Gedicht ausdenken. Ihr Bruder hilft ihr ein bisschen dabei. Als sie fertig sind, schreibt Florin das Gedicht für seine kleine Schwester auf:

Wunschzettelgedicht

Was ich mir wünsche, mal ich hier
auf ein schönes Blatt Papier.
Als Erstes möchte ich 'nen Teddybär
mit braunen Augen, bitte sehr!
Der Bär wacht bei mir jede Nacht,
sein weiches Fell mich wärmt ganz sacht.
Dann wünsch ich mir ein Schaukelpony,
dem geb ich den Namen Ronny.
Wenn ich sitz auf seinem Rücken,
schaukel ich mit viel Entzücken.
Und ganz zum Schluss, da wünsch ich mir,
dass Mama und Papa immer sind hier.

Da kommt Papa ins Zimmer, um zu fragen, wie weit sie sind. Er hat einen ganz ulkigen Einfall: „Stellt euch doch mal vor, dass ihr für euren Wunschzettel weder Stifte noch Papier zur Verfügung habt. Nur euren Körper und die Hände! Wir entwerfen sozusagen eine echte **Wunschzettelmassage.**"

Papa legt sich im Kinderzimmer der Länge nach auf den Boden. „So, und jetzt darf Nele mir mal einen ihrer Wünsche auf den Rücken zeichnen. Natürlich nur mit Hilfe ihrer Finger, sonst ist mein Rücken nachher ja ganz bunt!", lacht Papa, während Nele sich auf ein weiches Kissen neben ihren Vater hockt und über ihren ersten Wunsch, den Teddy, nachdenkt. Sie malt mit ihrem Zeigefinger einen wunderschönen Bären auf den Rücken ihres Vaters.

„Und, was wünsch ich mir? Kannst du es erraten?", fragt Nele gespannt.

„Lass mich einen Moment überlegen!", bittet Papa. Dann rät er: „Du wünschst dir einen Hund!"

„Falsch!", ruft Nele. „Komm, ich mal meinen Wunsch noch einmal ganz langsam." Sie malt mit dem Finger die Umrisse des Bären noch einmal ganz langsam und deutlich auf den Rücken.

Nun hat Papa den Wunsch erkannt. Jetzt ist Florin an der Reihe. Er malt seinen Weihnachtswunsch Nele auf den Rücken. Florin wünscht sich einen neuen Fußball. „Das war ja kinderleicht!", meckert Nele. „Du wünschst dir einen Ball!" Florin nickt anerkennend.

Und Papa, was wünscht sich Papa? „Lauter Strichmännchen malst du mir auf den Rücken!", staunt Florin.

„Ja", ruft Papa, „ich wünsche mir, dass wir auch im nächsten Jahr alle oft zusammen sind!"

Superkind

Text: August van Bebber / Musik: Detlev Jöcker

Strophe

(Kind):

Was schenk' ich nur zu Weih - nach - ten? Frag'
ich mich schon seit Ta - gen. Viel - leicht weißt du ja ei - nen Rat? Kannst
mir die Ant - wort sa - gen? Wie wär's mit ei - nem schö - nen Hemd? Das
wird sehr gern ge - nom - men. C - D's, Pra - li - nen, auch ein Buch, sind
oft - mals höchst will - kom - men. Oh, nein! Das find' ich gar nicht gut. Das
schenkt doch al - le Welt. __ Da fällt mir et - was Bes - s'res ein, das
kos - tet nicht viel Geld. __ Ich schenk' mich dir als Su - per - kind! So

eins, das im - mer ar - tig ist. Das nur noch gu - te Lau - ne hat, so

dass man es so - fort ver-misst! So ein Ge - schenk zu Weih - nach - ten? Ich

weiß nicht, was das ge - ben soll. Nein, schenk dich nicht als Su - per - kind. Bleib,

wie du bist, so lieb' ich dich ganz doll.

2. Kind: Mal seh' ich dies, mal seh' ich das,
und mag so vieles leiden.
Ich frag' mich, was ich nehmen soll,
und kann mich nicht entscheiden.
Erw.: Wie wär's mit einer Kleinigkeit?
Zum Beispiel ein Kalender?
Ein selbst gemaltes Bild von dir.
Ein schöner Kerzenständer.
Kind: Oh, nein! das find' ich gar nicht gut.
Das schenkt doch alle Welt.
Da fällt mir noch was and'res ein,
das kostet nicht mal Geld.

Refrain:
Kind:
Ich schenk' mich dir als Superkind.
So eins, das kaum noch Fernsehn schaut.
Das nie mehr heimlich Süßes nascht.
Und auch nicht auf den Nägeln kaut.
Erw.:
So ein Geschenk zu Weihnachten?
Ich weiß nicht, was das geben soll.
Nein, schenk dich nicht als Superkind.
Bleib, wie du bist, so bist du toll.

Refrain:
Kind:
Ich schenk' mich dir als Superkind.
So eins, das geht ganz früh ins Bett.
Das morgens, wenn noch alles schläft,
zum Frühstück schnell den Tisch noch deckt.
Erw.:
So ein Geschenk zu Weihnachten?
Ich weiß nicht, was das geben soll.
Nein, schenk dich nicht als Superkind.
Bleib, wie du bist, so lieb ich dich ganz doll.

11. Dezember

An diesem Morgen faltet Florin den Zettel auseinander, der in dem 11. Stern versteckt ist:

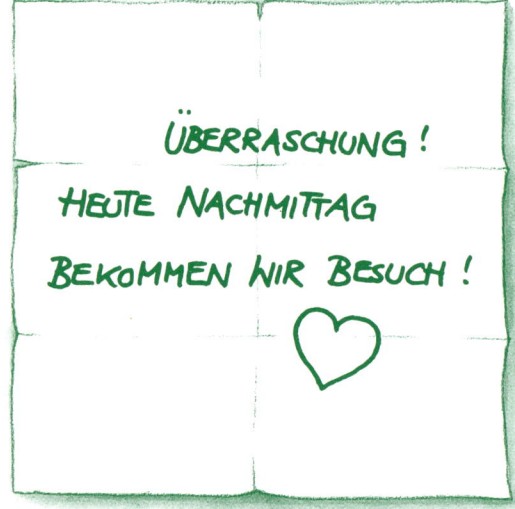

ÜBERRASCHUNG !

HEUTE NACHMITTAG

BEKOMMEN WIR BESUCH !

Wer wohl kommen mag, überlegen Florin und Nele aufgeregt. Aber noch wollen die Eltern nichts verraten.

Nach dem Mittagessen aber bittet Mama die beiden Kinder zu sich in die Küche. „Kommt mal her, ihr beiden. Ihr wisst ja, dass gleich unser Besuch kommt. Was haltet ihr davon, wenn wir vorher noch schnell ein paar Waffeln backen, damit wir nachher gemütlich Kaffee trinken können?"

„Oh ja!", jubelt Nele begeistert, denn Waffeln sind ihr Lieblingsessen.

In Windeseile haben die drei alle Zutaten für 8 **Biskuitwaffeln mit köstlicher Zimtsahne** zusammengesucht:

- *175 g Butter oder Margarine*
- *150 g Zucker*
- *3 Eier*
- *1 Päckchen Vanillezucker*
- *1 Rumaroma*
- *Etwas Vollmilch*
- *150 g Weizenvollkornmehl*
- *1 Becher Schlagsahne*
- *1 EL Zucker*
- *Zimt*

- *Die Butter und der Zucker werden mit dem Mixer schaumig gerührt.*
- *Anschließend gibt man nach und nach die Eier, den Vanillezucker, das Rumaroma, die Milch und zuletzt das Mehl hinzu. Der Teig sollte nicht zu dünnflüssig sein.*
- *Jeweils 2 EL Teig werden in das heiße Waffeleisen gefüllt. Wenn die Waffeln leicht braun gebacken sind, nimmt man sie mit einer Gabel heraus und lässt sie auf einem großen Teller auskühlen.*
- *Währenddessen schlägt man die Sahne steif und gibt zum Schluss einen EL Zucker und je nach Geschmack etwas Zimt hinzu.*

Ein wunderbarer Waffelduft zieht durch die Wohnung, als es klingelt. Nele und Florin stürmen zur Tür und öffnen sie mit großer Spannung.

„Oma!", ruft Nele und schlingt ihre kleinen Arme ihrer Großmutter um den Hals. Auch Florin begrüßt seine Oma stürmisch und drückt ihr einen dicken Kuss auf die Wange.

Gemeinsam decken sie den Tisch im Wohnzimmer und schmücken ihn mit den kleinen Teelichtern, die Florin und Nele gebastelt haben. Während sie die leckeren Waffeln essen, erzählen Nele und Florin ihrer Großmutter von dem Adventskalender, den Mama und Papa ihnen dieses Jahr geschenkt haben.

12. Dezember

„Hurra, es schneit!", rufen Nele und Florin an diesem Morgen, als Mama die Jalousien an dem Kinderzimmerfenster hochzieht. Dicke Flocken fallen vom Himmel herab und bedecken die Straße, die Häuser, die parkenden Autos und die Vorgärten.

„Sieht aus wie Puderzucker!", findet Florin und freut sich, dass er nun endlich seinen Schlitten aus dem Keller holen kann.

Als hätte er's gewusst, verspricht der Stern des Adventskalenders den beiden Kindern:

Kaum sind Nele und Florin mit dem Frühstück fertig, schlüpfen sie in ihre Schneeanzüge. Auch Mama und Papa sind schon so weit. Gemeinsam stapfen sie durch den frisch gefallenen Schnee zum Park.

Dort spielen sie zuerst **Spuren verfolgen.** Das geht so:

Man sucht sich eine Fläche, die ganz mit Schnee bedeckt ist, zum Beispiel eine Wiese. Dann begibt man sich auf Spurensuche: Welche Spuren findet man im Schnee? Vielleicht kleine Abdrücke von Vögeln, die dorther gehüpft sind? Entdeckt man die Spuren von einem Hasen, der auf der verschneiten Wiese herumgehoppelt ist? Oder gibt es Fußspuren, die man eine Zeitlang verfolgen kann?

Nach einer Weile schlägt Mama ein neues Spiel vor: **Tolle Bilder**

Dazu benötigt man eine Tüte mit Vogelfutter und wiederum eine kleine, schneebedeckte Fläche. Jetzt denkt sich Einer der Spieler ein Bild aus, zum Beispiel einen Schneemann, einen Stern, einen Vogel, Ball o.Ä. Die Umrisse des Bildes legt er mit dem Vogelfutter in den Schnee. Die anderen sollen nun erraten, was das Bild zeigt. Wer es zuerst weiß, darf als Nächster ein Bild in den Schnee legen.

Übrigens, mit diesem Spiel hilft man auch den Vögeln! Denn wenn viel Schnee liegt, finden sie kaum Futter. Aber die schönen Bilder können sie nach und nach aufpicken!

Als alle einige Bilder in den Schnee gelegt haben, hat diesmal Papa eine neue Idee. „Was haltet ihr davon, wenn wir anstelle eines Schneemanns mal etwas anderes aus Schnee bauen? Jeder kann sich zum Beispiel ein Tier aussuchen, einverstanden?"

Nele braucht nicht lange zu überlegen. Mit viel Geduld baut sie einen wunderschönen kleinen Hasen, der sie freundlich aus dem Schnee anblickt. Florin dagegen wagt sich an einen richtig großen Schneelöwen mit einer prächtigen Mähne und gefährlich großem Maul.

Neben Neles Hasen baut Mama einen tollen Igel. Die Stacheln macht sie aus kleinen Zweigen, die sie kreuz und quer in den Schneerücken steckt.

Inzwischen hat Papa ein Schneeschwein gebaut. Vorn ist der Schweinerüssel zu sehen und hinten kringelt sich der kleine Ringelschwanz.

Als alle fertig sind, bestaunen sie gegenseitig ihre Kunstwerke. „Richtig toll sind die geworden! Und das ist auch mal was anderes als immer nur der gleiche Schneemann!", findet Florin.

„Mir gefallen Schneemänner aber auch!", meint Nele und nimmt sich vor, am Nachmittag im Vorgarten einen Schneemann zu bauen, der mit seinem Schneehund spazieren geht.

Auf dem Rückweg möchte Mama noch eine kleine **Schlittenralley** veranstalten.

Gemeinsam denken sich alle eine Strecke aus, die sie mit dem Schlitten zurücklegen wollen. Schließlich ist aus der Rodelstrecke ein richtiger Parcours geworden. Da wird an einem Busch vorbeigefahren, zwischen zwei in den Boden gesteckten Stöcken hindurchgesaust und über einen kleinen Schneehügel gehopst.

Jeder versucht der Reihe nach, den Parcour zu meistern. Nur Papa schafft es nicht und fällt vom Schlitten in den Schnee. Alle lachen und Nele meint gönnerhaft: „Ach Papa, das macht doch nichts. Ich zeig dir noch mal, wie's geht!"

Als sich alle am Nachmittag zu Hause bei Kakao und Kuchen stärken, fragt Nele: „Sagt mal, was hättet ihr eigentlich gemacht, wenn es heute nicht geschneit hätte?"

Mama lacht. „Na, für diesen Fall hätten wir mit Eis gespielt, und zwar mit selbst gemachtem!" Und sie erklärt, wie man **Baumschmuck aus Eis** herstellen kann: Dazu braucht man folgende Dinge:

- *Förmchen aus dem Sandkasten oder ersatzweise Plätzchenformen*
- *Einen Nagel*
- *Eine Kerze und ein Feuerzeug*
- *Kordel*
- *Eine Schere*
- *Wasser*

- *In die verschiedenen Sandförmchen füllt man kaltes Wasser und lässt dieses in der Gefriertruhe oder, wenn möglich, draußen im Freien zu Eis gefrieren.*
- *Ist das Wasser ganz durchgefroren, hält man den Nagel über die angezündete Kerze und lässt ihn warm werden. Aber Vorsicht, dabei kann man sich leicht die Finger verbrennen!*
- *Anschließend drückt man den heißen Nagel durch den Eisanhänger und zieht durch das so entstandene Loch eine Kordel hindurch.*

Nun kann man bei entsprechenden Temperaturen einen Baum im Vorgarten, ein Gartentor, einen Busch oder Zaun damit schmücken.

„Toll", ruft Florin begeistert und nimmt sich vor, noch heute die Tanne vor seinem Kinderzimmerfenster mit Eisschmuck zu verschönern.

Schlitten fahren, Schlitten fahren

Text: August van Bebber / Musik: Detlev Jöcker

1. Heh! Pa - pa, lass das Schnar- chen sein. Das
2. Dann hast du ja jetzt sehr viel Zeit. Das

macht 'nen Rie - sen - krach. Du liegst schon viel zu
passt doch wun - der - bar. Wir ge - hen gleich zum

lang im Bett. Jetzt wer - de end - lich wach! (Vater:) Was
Ro - del - berg. Der Schlit - ten ist schon klar. (Vater:) Also

ist denn los? Ist der Fern - seher kaputt? (Kinder:) Nein!
gut. Ich hab' sowieso keine Chance. Geht's schon los? (Kinder:) Hier,

Fern- sehn in - tres - siert uns nicht. Schau mal zum Fens - ter
zieh ganz schnell die Ja - cke an, die Hand- schuh und den

raus. Dort drau - ßen liegt der Schnee so hoch, da
Schal. Das Kaf - fee - trin - ken fällt heut aus. Das

bleibt kein Mensch zu Haus. (Vater:) Raus- gehn? Bei der Kälte?
machst 'n and' - res Mal. (Vater:) Haalt! Nicht so schnell!

3. Vater: Ey! Kinder, das ist wirklich toll.
Ich hab' nen Riesenspaß.
Ich fahr' noch mal den Berg hinab.
Seht her! Ich geb' voll Gas!
Kinder: Mann! Das ist unser Schlitten!
Wir sind auch mal wieder dran!
Vater: Jetzt bin ich total erschöpft.
Das ging ja wie geschmiert!
Doch lasst uns nun nach Hause gehn,
bevor es richtig friert!
Kinder: Unmöglich! Wir sind kaum gefahren!
Vater: Los, Kinder, kommt!
Refrain: Vater: Schlitten fahren, Schlitten fahren ...

Vater: Kinder!
Macht doch nicht solche
grimmigen Gesichter.
Morgen gehen wir sofort
nach dem Frühstück los,
und werden dann den
ganzen Tag Schlitten fahren!
Einverstanden?
Kinder: Jaaa! Juchuh!
Refrain: Vater und Kinder:
Schlitten fahren,
Schlitten fahren ...

13. Dezember

WIR BASTELN EISKRISTALLE FÜR DAS KINDERZIMMERFENSTER.

Folgende Dinge brauchen sie:

- *Weißes Tonpapier*
- *Scheren*
- *Nylongarn*
- *Eine Nadel*
- *Durchsichtiges Klebeband*

schlägt der Adventskalenderstern Nele und Florin vor. Die beiden machen sich sofort an die Arbeit, denn solche Kristalle werden wunderschön zu dem Eisschmuck aussehen, mit dem Florin gestern noch wie geplant die Tanne vor dem Fenster geschmückt hat. Außerdem sind die Eiskristalle so leicht herzustellen, dass die beiden keine Hilfe benötigen.

- *Das Tonpapier wird in ca. 15x15 cm große Quadrate geschnitten.*
- *Jedes einzelne Quadrat wird nun 3-fach zu einem Dreieck gefaltet. Die Ränder dieser Dreicke schneidet man dann mit der Schere etwas ein; man trennt beispielsweise kleine Ecken oder zackige Formen heraus. Danach wird das Dreieck auseinandergefaltet: Es ist zu einem wunderschönen Eiskristall geworden!*

Wenn man viele verschiedene Eiskristalle gebastelt hat, kann man diese mit Hilfe des Nylongarns und der Nadel auffädeln, so dass 3-5 Kristalle hintereinander hängen. Solche Ketten können vorsichtig mit ein wenig durchsichtigem Klebeband am Fensterrahmen befestigt werden. Dort drehen sich die vielen Eiskristalle munter, da jeder noch so kleinste Luftzug sie bewegt.

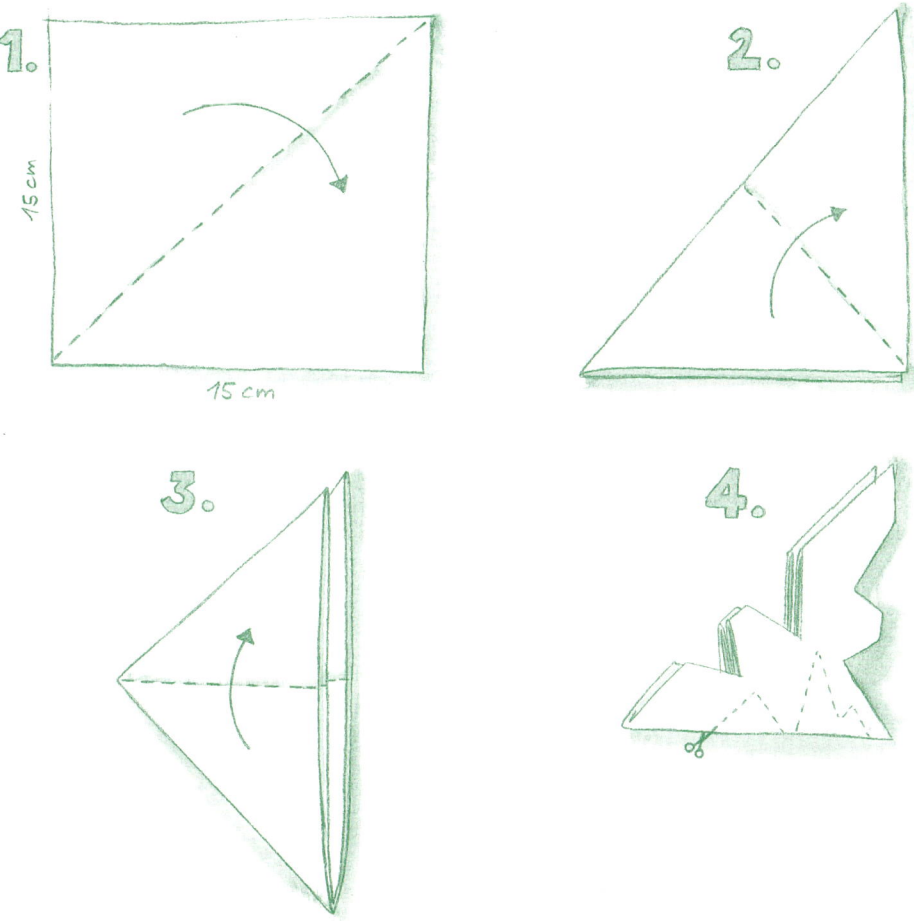

14. Dezember

WISST IHR , WIE KÖSTLICH
SCHNEEBÄLLE
SCHMECKEN ?

fragt der 14. Adventskalenderstern Nele und Florin, die ganz verdutzt dreinschauen.

„Schneebälle? Die schmecken halt nach Schnee!", meckert Nele, die von dem heutigen Stern nicht sonderlich begeistert ist. „Außerdem sagt Papa immer, dass wir Schnee nicht essen sollen!"

Doch natürlich haben die Eltern auch heute etwas Besonderes mit den Kindern vor. Mama hat nämlich zum Nachtisch einen Glasteller vorbereitet, auf dem viele kleine, weiße Kugeln liegen, die wie Schneebälle aussehen.

„So, ihr beiden!", fordert Mama die Kinder auf, „dann probiert mal, wie köstlich diese Schneebälle schmecken!"

„Da bin ich aber froh!", sagt Nele, bevor sie sich den ersten kleinen „Schneeball" in den Mund schiebt. „Und ich dachte schon, der Adventskalender wollte uns verulken!"

„Sind die aber lecker!", lobt Florin seine Mutter, während er sich bereits den dritten Schneeball in den Mund stopft.

„Jetzt ist aber Schluss!", mahnt Mama, „sonst bleibt gar nichts mehr für Papa übrig."

„Ach Mama, dann machen wir eben neue", schlägt Nele vor und leckt sich genussvoll die Lippen.

„Aber nur, wenn ihr wirklich mitmacht. Es ist nämlich ganz schön viel Arbeit", warnt Mama.

Doch das macht Nele und Florin nichts aus, wenn sie nur jetzt noch alle Schneebälle aufessen dürfen. Und so machen sich die drei etwas später an die Arbeit:

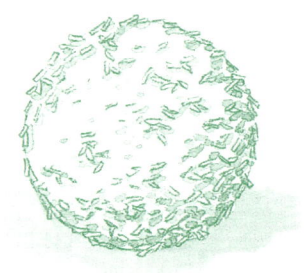

Das braucht man für
köstliche Schneebälle:

- *200 g weiße Schokolade*
- *125 ml Schlagsahne*
- *150 g Kokosfett*
- *150 g Kokosraspeln*

- *Die Schokolade bröckelt man in kleine Stücke und lässt diese im Wasserbad langsam (!) schmelzen.*
- *In der Zwischenzeit wird die Sahne steif geschlagen und in einem weiteren Topf das Kokosfett zum Schmelzen gebracht. Das geschmolzene Fett stellt man zum Abkühlen ca. 15-25 Minuten in den Kühlschrank.*
- *Nun rührt man die geschmolzene Schokolade in die Sahne und gibt die Kokosraspeln hinzu.*
- *Zum Schluss wird das abgekühlte Fett untergehoben. Diese Masse stellt man für mindestens 1 Stunde in den Kühlschrank. Dann formt man kleine Bälle daraus und legt sie auf einen Teller.*

Nach Möglichkeit sollte man die fertigen kleinen „Schneebälle" noch einmal in den Kühlschrank oder für kurze Zeit in das Gefrierfach stellen. Gut gekühlt schmecken sie am besten!

„Wenn ihr beiden Lust habt, können wir für Papa noch einen kleinen Teller mit eisigem Obst vorbereiten. Das geht ganz einfach und sieht toll aus", schlägt Mama vor.

Für **eisiges Obst** braucht man:

- *200 g Zucker*
- *6 EL Wasser*
- *Etwas frisches Obst (zum Beispiel Weintrauben, Apfelstücke, Kiwiecken, Ananasscheiben o.Ä.)*

- *In einem Topf lässt man Zucker und Wasser kurz aufkochen. Wenn das Wasser verdampft ist und sich der Zucker leicht zu verfärben beginnt, reduziert man die Hitze.*
- *Sobald der Zucker beginnt Fäden zu ziehen, wird nacheinander das gewaschene und getrocknete Obst hineingetaucht.*

Dann werden die Obststücke auf einen schönen Teller gelegt. Wer mag, kann noch etwas Zucker darüber streuen. Nach dem Abkühlen kann man sich das eisige Obst schmecken lassen!

15. Dezember

HEUTE ABEND ERZÄHLT
EUCH PAPA EINE
GESCHICHTE.

nicht so, wie Schneemänner gewöhnlich sind. Pausenlos beschwerte er sich über die Kälte, das Eis und den Schnee, nichts konnte man ihm recht machen. Die Kinder banden dem Schneemann einen bunten Schal aus dicker Wolle um den Hals und zogen ihm eine warme Zipfelmütze über den Kopf. Doch all das half nichts, der Schneemann war nicht zufrieden zu stellen.

kündigt der heutige Adventskalenderzettel an. Das dauert aber noch lange, finden Nele und Florin ungeduldig.

Nach dem Abendessen ziehen sie sich schneller um als gewöhnlich. Als Papa schließlich ins Kinderzimmer kommt, liegen Nele und Florin bereits erwartungsvoll in ihren Betten.

Papa nimmt sich ein Kissen und macht es sich bequem. Dann beginnt er zu erzählen:

Vor langer Zeit gab es einmal einen Winter, der war furchtbar kalt. Es schneite und schneite und alles war gefroren. In einem Garten, direkt zwischen einem kleinen Tannenbaum und einem Vogelhäuschen, hatten einige Kinder einen schönen dicken Schneemann gebaut. Doch dieser Schneemann war

So beschloss der Schneemann eines Morgens, dass er fort wollte. Irgendwohin, wo es wunderbar warm ist, dachte er bei sich. Er stapfte los und lief immer weiter und weiter, bis er im Süden einen Ort fand, an dem es ihm warm genug war. Der Schneemann genoss die Sonne und konnte gar nicht genug davon bekommen. Doch dann, nach einigen Tagen, blickte er an sich hinunter und bekam einen gewaltigen Schreck: Ganz dünn war er geworden! Überall floss Wasser in kleinen Rinnsalen über seinen Körper und sein dicker Bauch war schon ganz schlank geworden!

„Ach, das wird schon wieder werden", versuchte sich der Schneemann zu beruhigen. Aber es wurde mit jedem Tag nur schlimmer: Um ihn herum bildete sich eine große Pfütze und er wurde dünner und dünner. Der arme Schneemann wusste gar nicht, was er tun sollte, und machte sich schließlich auf den Heimweg. Zurück zu den Kindern, die ihn gebaut hatten.

Als er nach langer Wanderung endlich den Garten erreicht hatte, warteten dort schon die Kinder auf ihn. Da musste der Schneemann plötzlich weinen, denn es rührte ihn, dass die Kinder hier im Garten standen und auf ihn warteten.

„Wein doch nicht!", baten die Kinder den Schneemann. Und nachdem sie ihm die Tränen abgewischt und er laut in ein Taschentuch geschnäuzt hatte, das ihm ein kleines Mädchen reichte, begannen sie zu beratschlagen.

Schließlich liefen sie auseinander und schafften neuen Schnee von überallher heran. Schicht für Schicht klopften sie den Schnee an den Armen und Beinen des Schneemannes fest und formten auch einen neuen dicken Bauch. Und siehe da, der Schneemann konnte schon wieder lächeln.

„Ihr seid nett!", schniefte er. „Nun bin ich wieder so dick und kalt, wie es sich für einen richtigen Schneemann gehört!"

Da mussten die Kinder lachen. Als sie sich am Abend schließlich von dem Schneemann verabschiedeten, musste er ihnen versprechen, nie wieder fortzulaufen. Denn alle hatten sich große Sorgen um ihn gemacht.

„Keine Angst!", versicherte ihnen der Schneemann. „Ich lauf bestimmt nie wieder fort. Denn hier bei euch gefällt es mir viel besser. Doch jetzt geht nach Hause, bevor es ganz dunkel geworden ist. Gute Nacht und bis morgen!" Bei diesen Worten schaute er glücklich zum Himmel auf, von dem immer noch viele, viele Schneeflocken herunterrieselten.

„So, und nun wird auch hier das Licht ausgemacht und geschlafen. Träumt was Schönes, ihr zwei!", sagt Papa und drückt beiden Kindern noch einen dicken Gute-Nacht-Kuss auf die Wange.

Frau Holle, mach das Fenster auf

Text und Musik: Detlev Jöcker

1. Ich ma-le ei-nen Schnee-mann auf, mit ei-ner Rü-ben-na-se, und auf den run-den Schnee-mann-kopf als Hut noch ei-ne Va-se. Als ich zum Schluss dann ziem-lich stolz auf mei-ne Zeich-nung bli-cke, schreib' ich noch ganz schnell ei-nen Brief, den ich zum Him-mel schi-cke. Frau Hol-le, mach das Fens-ter auf und schüt-tel dei-ne

Kis - sen. Wann fällt denn Schnee auf un - ser Haus? Wir

woll'n es ger - ne wis - sen. Wir Kin - der freu - en

uns so sehr auf dei - ne wei - ßen Flo - cken. Die

Stie - fel ste - hen schon be - reit mit di - cken, war - men So - cken.

2. Und endlich fällt der Schnee ganz leis
auf Straßen und auf Wege.
Auf daß ein weißer Schleier über
unsre Stadt sich lege.
Zu früh gefreut, nur ein paar Flocken
fallen jetzt herunter.
Was ist nur mit Frau Holle los?
Wann wird sie wieder munter?
Refrain: Frau Holle,
mach das Fenster auf ...

3. Und in der Nacht träum' ich davon:
Frau Holle wird jetzt munter.
Sie schüttelt alle Kissen aus,
und sehr viel Schnee fällt runter.
Am nächsten Morgen schaue ich
voll Freude in den Garten.
Doch dort liegt immer noch kein Schnee,
ich muss noch weiter warten.
Refrain: Frau Holle,
mach das Fenster auf ...

16. Dezember

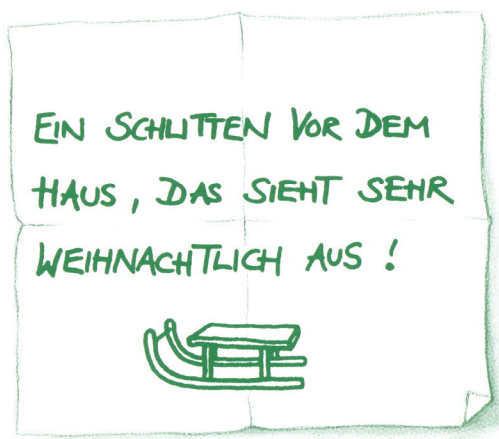

EIN SCHLITTEN VOR DEM HAUS, DAS SIEHT SEHR WEIHNACHTLICH AUS!

liest Florin seiner kleinen Schwester Nele vor.

„Was soll denn das nun schon wieder bedeuten? Manchmal ist unser Adventskalender einfach zu komisch!", meckert Nele.

Florin dagegen freut sich schon darauf zu erfahren, was es mit dieser Ankündigung auf sich hat.

Als Papa nach Hause kommt, geht er sofort in den Keller, um den alten Schlitten mit den verrosteten Kufen zu suchen, der zum Schlitten fahren nicht mehr taugt.

„Was willst du denn mit der alten Möhre?", wundert sich Florin, als sein Vater wieder hinauf in die Wohnung kommt. Doch Papa verrät nichts, sondern bittet Florin nur, seine Schwester zu holen.

Die drei gehen gemeinsam an den Esszimmertisch, auf dem viele leere Kartons in verschiedenen Größen bereitliegen. Zwischen den Kartons sind einige Rollen bunte Geschenkfolie, Schleifenband und ein paar Sternchenaufkleber zu sehen.

„So", sagt Papa. „Nun helft mir mal dabei, aus den leeren Kartons schöne bunte Weihnachtspäckchen zu machen!" Zwar versteht Nele nicht, warum sie leere Kartons einpacken soll, aber schließlich macht sie doch mit und wickelt ein Päckchen nach dem anderen in das bunte Papier. Zum Schluss wird jedes mit einem schönen Geschenkband und einer prächtiger Schleife versehen. Auf einige Päckchen klebt sie noch goldene Sternchenaufkleber, die sie besonders hübsch findet.

„Und nun müssen all die schönen Pakete samt Schlitten nach unten in den Vorgarten getragen werden. Helft ihr mir?", bittet Papa.

„Na klar!", nickt Florin und zieht sich die dicke Winterjacke und die gefütterten Schuhe an. Denn draußen liegt immer noch Schnee und kalt ist es auch.

Unten vor dem Haus suchen die drei eine schöne, windgeschützte Stelle für den Schlitten, an der ihn auch vorbeikommende Fußgänger sehen können. Als er schließlich fest im Schnee steht, ohne wegzurutschen oder umzukippen, dürfen Nele und Florin die bunten Päckchen daraufstellen.

„Das sieht toll aus! Als würde der Nikolaus höchstpersönlich hier wohnen!", findet Florin, als alle Päckchen einen Platz auf dem Schlitten gefunden haben.

Auch Nele ist begeistert. Schnell läuft sie hoch in die Wohnung, um einen Fotoapparat zu holen.

„Die Bilder klebe ich ins Weihnachtsalbum!", verkündet sie stolz und knipst den Schlitten eifrig von allen Seiten.

17. Dezember

Heute müssen Nele und Florin einige Zeit suchen, bis sie den Stern mit der Nummer 17 gefunden haben. Dann liest Florin:

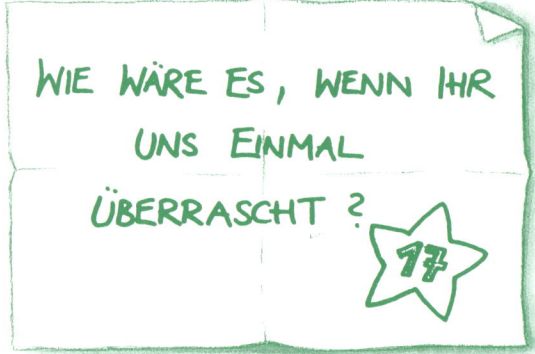

WIE WÄRE ES, WENN IHR UNS EINMAL ÜBERRASCHT?

„Mama und Papa haben Recht. Bisher haben sie sich jeden Tag etwas einfallen lassen. Dann können wir uns ruhig auch mal was ausdenken", findet Florin.
Nele nickt und sagt: „Aber was sollen wir machen? Ein paar Blumen kaufen?"
„Also, ich finde etwas Selbstgemachtes viel schöner. Was hältst du denn davon, wenn wir Mama und Papa einen Kuchen backen und sie heute Nachmittag mit einem schönen Kaffeetrinken überraschen?"
„Oh ja!", ruft Nele begeistert. „Das machen wir!"
Kurze Zeit später sind die beiden damit beschäftigt, ein dickes Backbuch zu durchstöbern. Endlich finden sie ein leckeres und nicht zu schwieriges Rezept: einen Schokogewürzkuchen werden sie backen.
Die beiden Geschwister holen sich ein Blatt Papier und bunte Stifte. In großen Buchstaben schreibt Florin auf den Zettel:

Streng geheim!
Auf keinen Fall stören!!!

Anschließend bemalt Nele den Zettel noch ein wenig. Die beiden befestigen ihn an der Küchentür, hinter der sie dann verschwinden.
Florin liest sich noch einmal in aller Ruhe das Rezept durch und sucht alle nötigen Zutaten aus den Küchenschränken heraus.

Für den **Schokogewürzkuchen** braucht man:

- *250 g Margarine*
- *250 g Zucker*
- *4 Eier*
- *200 g Zartbitterschokolade*
- *150 g gemahlene Mandeln*
- *3 EL Rum oder 1 Rumaroma*
- *3 EL Milch*
- *1 gestr. TL Zimtpulver*
- *1 gestr. TL Lebkuchengewürzmischung*

- *Zuerst wird die Margarine mit dem Zucker verrührt.*
- *Dann trennt man die 4 Eier und gibt das Eigelb zu der Fett-Zucker-Masse. Die gemahlenen Mandeln, die geriebene Schokolade, den Rum, die Milch und die Gewürze rührt man ebenfalls unter.*
- *Zum Schluss schlägt man die 4 Eiweiße ganz steif und hebt diese vorsichtig unter den Teig.*
- *Nun wird alles in eine gefettete Kastenform gefüllt und bei 175° ca. 60-70 Min. gebacken.*

Nach einer Stunde haben Nele und Florin den Kuchen endlich im Backofen. Sogar die Küche sieht wieder blitzeblank aus, weil die beiden auch alles gespült, abgetrocknet und in die Schränke zurückgeräumt haben.

Als der Kuchen fertig ist, stellt ihn Florin auf ein großes Holzbrett und trägt ihn vorsichtig ins Kinderzimmer. Denn Mama und Papa sollen noch nichts merken!

Am Nachmittag schleichen sich die Geschwister ins Wohnzimmer und decken den Tisch. Auf die Teller legen die beiden schöne Servietten. In der Mitte steht der Kuchen und rundherum sind die selbst gebastelten Teelichter verteilt.

„Jetzt müssen wir nur noch Kakao kochen, dann haben wir's geschafft!", stellt Florin zufrieden fest.

Schließlich rufen Florin und Nele ihre Eltern ins Wohnzimmer.

„Das sieht ja toll aus!", staunt Mama, und auch Papa findet, dass dies eine wirklich gelungene Überraschung geworden ist. Gemeinsam essen sie den selbst gebackenen Kuchen.

„Das Rezept müsst ihr beiden mir aber mal verraten. Der Kuchen schmeckt einfach köstlich!", meint Mama.

Nele und Florin lächeln sich an und sagen wie aus einem Mund: „Das Rezept bleibt unser Geheimnis!"

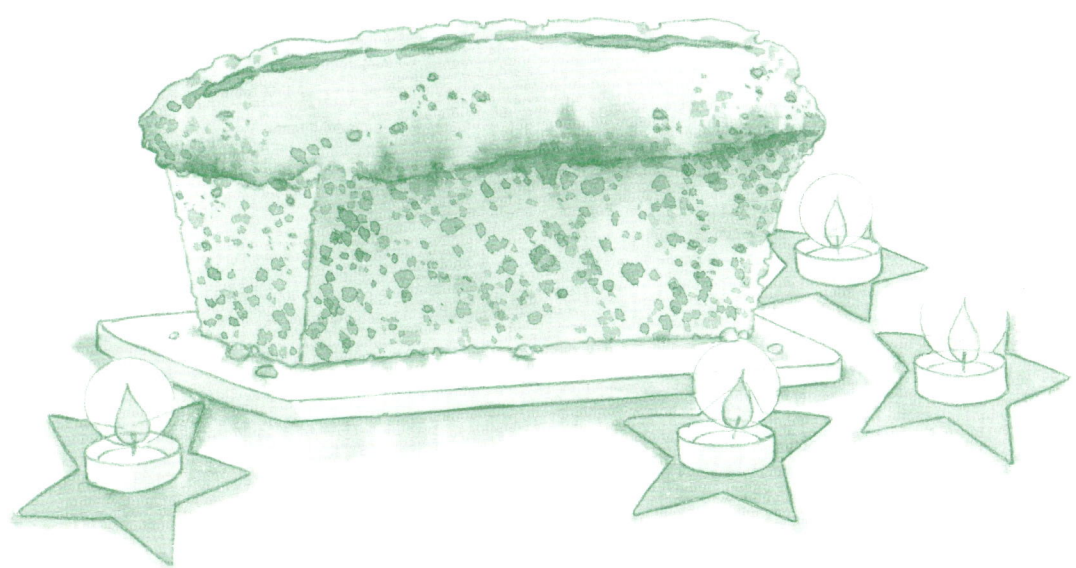

Ich hab' mein Weihnachtspäckchen

Text: Rolf Krenzer / Musik: Detlev Jöcker

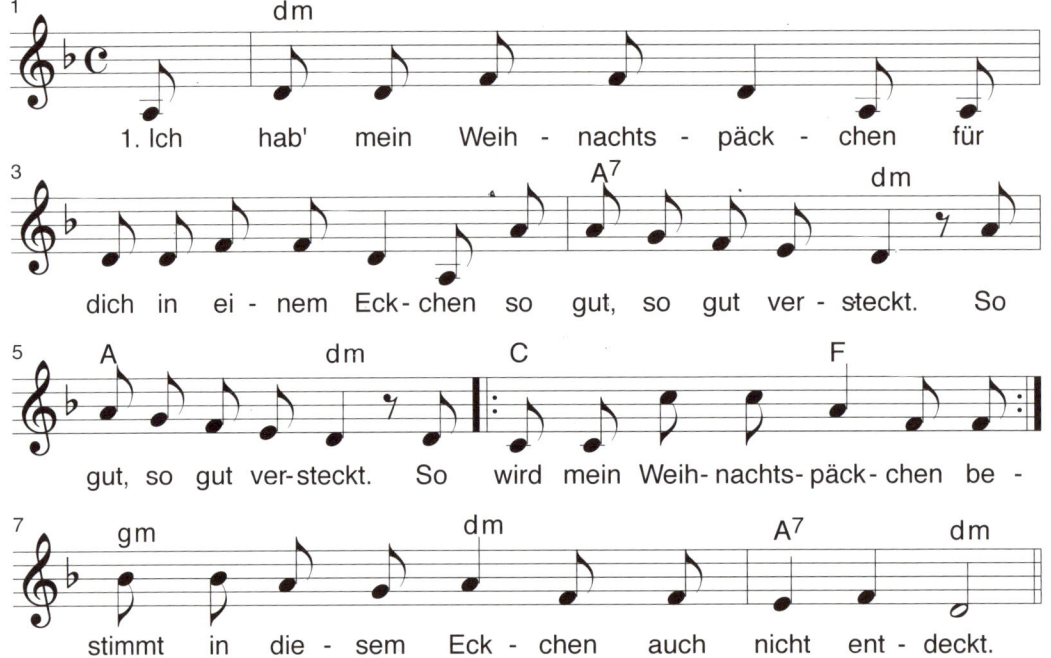

1. Ich hab' mein Weih - nachts - päck - chen für dich in ei - nem Eck- chen so gut, so gut ver - steckt. So gut, so gut ver-steckt. So wird mein Weih- nachts- päck- chen be - stimmt in die - sem Eck - chen auch nicht ent - deckt.

2. Ich hab' mein Weihnachtspäckchen
für dich in einem Eckchen
so gut, so gut versteckt.
So gut, so gut versteckt.
Ich steckte es in ein Säckchen.
So wird mein Weihnachtspäckchen
bestimmt in dem Versteckchen
auch nicht entdeckt.

3. Ich hab' mein Weihnachtspäckchen
für dich in einem Eckchen
so gut, so gut versteckt.
So gut, so gut versteckt.
Ich wickelte es in's Deckchen
und steckte es in ein Säckchen.
So wird mein Weihnachtspäckchen
bestimmt in dem Versteckchen
auch nicht entdeckt.

4. Ich hab' mein Weihnachtspäckchen
für dich in einem Eckchen
zu gut, zu gut versteckt.
Zu gut, Zu gut versteckt.
Ich wickelte es in's Deckchen
und steckte es in ein Säckchen.
Ich such' dein Weihnachtspäckchen,
ich such' in jedem Eckchen
und habe das Versteckchen
nicht mehr entdeckt.

71

18. Dezember

FÜR DAS WEIHNACHTSESSEN BRAUCHEN WIR NOCH TISCHKARTEN.

WAS HALTET IHR VON KLEINEN SCHNEEMÄNNERN?

schlägt der 18. Stern Nele und Florin vor. Die beiden sind sehr erleichtert. Denn sich noch eine Überraschung für ihre Eltern auszudenken, wäre ihnen recht schwer gefallen.

So basteln sie am Nachmittag mit Mama lustige kleine Schneemänner aus Holzscheiben, die Heiligabend als Tischkarten verwendet werden sollen.

Diese Dinge benötigt man für die **Tisch-Schneemänner:**

- *Holzscheiben in 3 verschiedenen Größen*
- *Einen roten und einen schwarzen dünnen Lackstift*
- *Starken Holzkleber*

- *Die größte Holzscheibe wird der untere Teil des Schneemanns. Auf sie schreibt man den Namen desjenigen, der an*

diesem Platz sitzen soll. Dann klebt man diese Scheibe hochkant auf eine weitere Holzscheibe, damit der Schneemann sicher auf dem Tisch steht.
- *Nun werden die Scheiben mittlerer Größe als Schneemannbauch und zuletzt die kleinste als Schneemannkopf jeweils hochkant festgeleimt.*
- *Mit den Lackstiften malt man den Schneemännern noch dicke schwarze Knöpfe auf den Bauch und ein lustiges Gesicht mit Möhrennase.*

Tipp:
Wer mag, kann die Holzscheiben einen Tag vorher weiß lackieren.

Nachdem alle benötigten Schneemänner fertig sind, zeigt Mama ihnen noch ein neues Fingerspiel, weil es so gut zu den Tisch-Schneemännern passt:

Wir bauen einen Schneemann
Ein Fingerspiel

Meine Hand, die ist ein Schneemann heut',
schaut her, ich zeig es allen Leut'.

Hand hochhalten

Der Schneemann, der ist dick und rund,
eine Pfeife steckt in seinem Mund.

*Beide Hände ausgestreckt vor den
Bauch halten
Mit Daumen und Zeigefinger Pfeife
bilden und an den Mund halten*

Wenn er tanzt, dann summt er sehr,
so wie ein großer Teddybär.

Tief brummen und summen

Mal brummt er laut, mal brummt er leise,
jeder macht's auf seine Weise.

*In verschiedenen Lautstärken
brummen*

Doch jetzt, oh Schreck,
geht die Kälte langsam weg.

*Hand erschrocken vor den Mund
halten*

Die Sonne scheint nun hell und warm,
fällt ihm der Besen aus dem Arm.

*Mit den Fingern eine Sonne in die
Luft malen*

Der Mann aus Schnee ganz furchtbar schwitzt,
der Schweiß auf seiner Stirne sitzt.

Mit der Hand über die Stirn wischen

Immer mehr schwitzt er, oh weh,
Schweißperlen ihm fallen bis auf den Zeh.

*Mit Finger auf Stirn, Nase, Kinn,
Bauch und Zeh zeigen*

Dann ist vom Schneemann nichts mehr da,
doch im nächsten Jahr kommt er wieder - hurra!

Arme hochreißen und jubeln

19. Dezember

ZUM ABENDESSEN MACHEN WIR WINTERSALAT.

Am Abend liegen in der Küche alle Zutaten für den **Wintersalat** bereit:

- *2 Eier*
- *150 g Feldsalat*
- *½ Salatgurke*
- *Einige Cocktailtomaten*
- *Ein paar kleine frische Champignons*
- *Eine rote Zwiebel*
- *Eine kleine Dose Mais*
- *1 EL mittelscharfer Senf*
- *1 Becher Sahne*
- *Eine Prise Salz*

schlägt der Stern Nele und Florin heute vor. Und da die beiden in der letzten Zeit gemerkt haben, dass es immer viel besser schmeckt, wenn man geholfen und selbst mitgekocht hat, sind sie sofort hellauf begeistert.

- Das Gemüse wäscht man und lässt es gut abtropfen.
- Die Gurke wird in dicke Scheiben geschnitten. Mit einer Plätzchenform sticht man Gurkensterne aus und entfernt dadurch die Schale. Die Sterne gibt man in die Salatschüssel. Wer mag, kann auch einige zum Garnieren beiseite legen.
- Die Pilze werden in dünne Scheiben geschnitten und die Zwiebel gewürfelt. Die Cocktailtomaten werden ganz dem Salat beigegeben.
- Die beiden Eier lässt man 8-10 Minuten kochen und viertelt sie nach dem Abkühlen. Nun werden alle Zutaten gut miteinander vermischt.
- Für die Salatsoße kocht man die Sahne mit einem EL Senf und dem Salz auf. Dabei werden die Zutaten mit einem Schneebesen ständig durchgeschlagen, damit nichts anbrennt. Sobald die Sahne etwas angedickt ist, lässt man sie im Kühlschrank kalt werden und gibt sie beim Essen über den Salat.

20. Dezember

EINLADUNG ZUM WEIHNACHTLICHEN BADESPASS !

Papa verrät es ihnen:

Ein entspannendes Weihnachtsbad mit ätherischen Ölen

Das braucht man dafür:

- *2 Tropfen Zimtöl*
- *2 Tropfen Vanilleöl*
- *2 Tropfen Orangenöl*
- *1 Becher süße Sahne*

- *Die Öle werden einfach auf die süße Sahne getropft, die als Emulgator wirkt. So vermeidet man, dass die Öle als „Fettaugen" lediglich auf der Wasseroberfläche schwimmen. Zudem wirkt die Sahne rückfettend und verhindert, dass die Haut beim Baden austrocknet.*

Dieses Ölbad hilft, sich während der aufregenden Vorweihnachtszeit zu entspannen und zu beruhigen.

Wichtiger Hinweis:
Die ätherischen Öle sollten 100 % naturreine Öle sein. Am besten bezieht man sie aus einem Naturkostladen oder einem Reformhaus. Das Herkunftsland sollte unbedingt angegeben sein.
Auch sollten die Mengenangaben unbedingt eingehalten werden. Beim Einsatz von ätherischen Ölen ist weniger mehr!

liest Florin seiner Schwester vor, als die beiden wie immer als Erstes am Morgen wissen wollen, was ihnen der Adventskalender heute bringt.
„Klasse!", jubelt Nele. „Wir machen eine richtige Badeparty!"
Am Abend haben Papa und Mama an das Badezimmerfenster eine Lichterkette gehängt und auf die Fensterbank viele Teelichter gestellt. Die Wanne ist schon mit warmem Wasser gefüllt, das heute aber ganz anders riecht als sonst. Nele und Florin atmen tief den Duft ein. „Was ist das?", will Florin wissen.

Als Florin und Nele schließlich in der Wanne sitzen, fragt Papa: „Soll ich euch beim Baden eine Geschichte erzählen?" „Oh ja!", rufen Nele und Florin wie aus einem Munde und so beginnt Papa zu erzählen:

Der neugierige kleine Engel

Hoch oben im Himmel wohnte einmal ein kleiner Engel. Dieser Engel war sehr neugierig. An einem Abend sah er unten auf der Erde wunderschöne kleine Lichter blitzen und außerdem zog ein herrlicher, weihnachtlicher Duft zu ihm hinauf. Dem neugierigen kleinen Engel ließen die Lichter und der Duft keine Ruhe. Geschwind setzte er sich auf einen Mondstrahl und rutschte hinab zur Erde, den wunderschönen Lichtern und dem herrlichen Duft ent-

gegen. Doch der kleine Engel wurde auf dem Mondstrahl immer schneller und schneller. Die Lichter waren ihm schon ganz nah, und von dort schien auch der weihnachtliche Duft zu kommen. Mittlerweile war der neugierige kleine Engel so schnell, dass er seine Fahrt nicht mehr stoppen konnte. Mit einem lauten Plumps fiel er vom Mondstrahl, der in einem Badezimmer endete. „Au! Auweh", schrie der kleine Engel, der auf den kalten, nassen Kachelfußboden gefallen war. Er rieb sich seine kleinen Arme und es wuchs ihm eine dicke Beule auf seiner schönen Stirn.

„Herrje, was ist denn das?", wunderten sich die beiden Kinder, die gerade bei Kerzenschein in der Badewanne saßen und einer schönen Geschichte ihres Vaters lauschten.

„Was schaut ihr denn so? Habt ihr noch nie einen Engel gesehen?", schimpfte der kleine Engel, dem immer noch alles wehtat.

„Nein. Und vor allem noch keinen, der einfach auf einem Mondstrahl angerutscht kommt und in unserem Badezimmer landet!", erwiderte das kleine Mädchen in der Badewanne.

„Was soll ich denn jetzt bloß machen?", fragte sich der kleine Engel ganz verzweifelt und fuhr dann traurig fort: „Ich wollte doch nur mal nachsehen, woher die schönen kleinen Lichter kommen und wieso es so herrlich duftet. Und jetzt tut mir alles weh, ich habe eine Beule am Kopf und weiß auch nicht, wie ich wieder zurück nach Hause komme!"

Als der kleine Engel laut zu schniefen begann und goldene Engelstränen seine zarten Wangen hinabkullerten, sagte der Vater: „Weißt du was? Jetzt setzt du dich erst einmal mit in die Badewanne. Der Duft der schönen Öle wird auch dir gut tun und dich beruhigen. Hinterher sehen wir weiter. Einverstanden?"

Dankbar nickend setzte sich der kleine Engel zu den beiden Kindern in die Badewanne. Sofort spürte er, dass es tief in ihm wieder ganz ruhig wurde und sein Körper zu neuen Kräften kam.

Die Schmerzen ließen nach, und als er mit den Kindern nach einer Weile aus der Badewanne kletterte, fühlte er sich schon viel besser.

Da es schon spät war, gingen die beiden Kinder zu Bett. Der kleine Engel bekam aber vorher noch ein buntes Pflaster auf seine Beule geklebt. Dann setzte er sich zu den Kindern ins Zimmer. Gemeinsam überlegten sie, wie sie dem kleinen Engel helfen könnten, wieder hinauf in den Himmel zu kommen.

Da hatte das Mädchen plötzlich eine gute Idee: „Weißt du was, kleiner Engel? Jeden Abend kommt der Sandmann auf einer Abendwolke herbeigeflogen, um den Kindern hier auf der Erde schöne Träume zu bringen. Du könntest dich einfach auf die Fensterbank setzen und auf ihn warten. Bestimmt nimmt er dich mit!"

Der kleine Engel begann vor Freude zu strahlen. Genau so wollte er es machen! Er dankte den Kindern, die so nett zu ihm gewesen waren, und machte es sich sogleich auf der Fensterbank bequem.

„Träumt schön, ihr Menschenkinder!", flüsterte der Engel noch leise.

Und am nächsten Morgen war er verschwunden.

„So, ihr beiden, nun aber raus aus der Wanne und ab ins Bett. Sonst verpasst ihr den Sandmann noch!", beendete Papa seine Geschichte und reichte Nele und Florin warme Handtücher zum Abtrocknen.

Als Nele im Bett lag und schon fast eingeschlafen war, fiel ihr Blick auf die Fensterbank. Und kurz bevor ihr die Augen zufielen, war es ihr, als habe sie einen zarten goldenen Schimmer wahrgenommen.

21. Dezember

"Schließlich ist in 3 Tagen schon Weihnachten", findet Mama. Nele und Florin geben ihr Recht und machen sich schon bald daran, Weihnachtskarten für Freunde und Verwandte zu basteln.
Diese Weihnachtspost sieht in diesem Jahr ganz besonders lustig aus, wie ein richtiges Überraschungspaket!

Man braucht dafür:

- *Weißen Tonkarton*
- *Klebstoff*
- *Pro Karte ein schönes Kinder- oder Familienfoto*
- *Buntes Tonpapier*
- *Scheren*
- *Dünne Geschenkkordel*
- *Und natürlich Briefmarken zum Verschicken!*

- *Den weißen Tonkarton zerschneidet man zu Postkarten.*
- *Dann wird aus dem farbigen Tonpapier pro Postkarte ein Kreuz ausgeschnitten, dessen Balken jeweils ungefähr 10 cm breit sind. In die Mitte des Kreuzes klebt man das Photo und klappt die überstehenden Ecke so zusammen, dass es wie ein kleines Weihnachtspäckchen aussieht.*
- *Bevor man das Ganze auf die vorbereiteten Postkarten klebt, legt man noch ein Stück der Kordel darunter. Diese kann man dann um das Päckchen binden und der Postkartenempfänger erhält eine schöne kleine Weihnachtsüberraschung!*

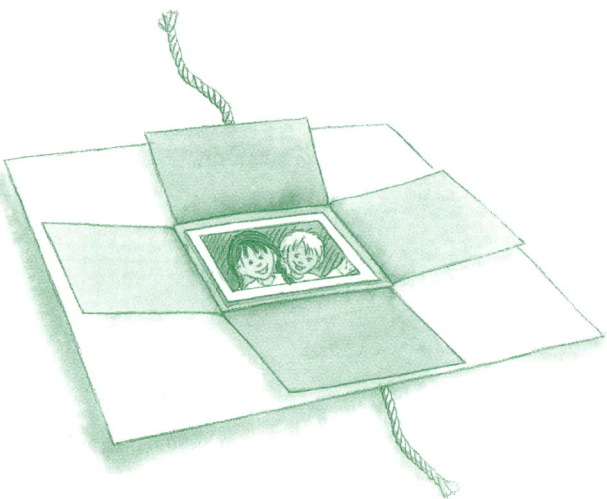

Als Nele, Florin und Mama alle Postkarten fertig gebastelt haben, schreiben sie noch die Adressen darauf und Nele klebt auf jede Karte eine Briefmarke. Dann machen sich die beiden Geschwister auf den Weg zum Briefkasten, um die Weihnachtsgrüße schnell einzuwerfen. Schließlich sollen die Karten noch vor Heiligabend ankommen!

Auf dem Rückweg treffen sie den Briefträger, der ihnen einen ganzen Stapel Post in die Hand drückt. „So viel Post bekommen wir sonst nie!", staunt Nele.

„Das sind bestimmt alles Weihnachtsgrüße", meint Florin. Und er hat Recht. Als Mama die Post öffnet, kommen etliche Weihnachtskarten mit besten Wünschen fürs Fest zum Vorschein.

„Was sollen wir bloß mit all den schönen Karten machen?", überlegt Nele laut.

Auch hierfür hat Mama eine schöne Idee. „Wisst ihr was? Was haltet ihr von einer **Weihnachtspostgirlande**? Dazu spannen wir im Flur eine lange Kordel auf und hängen die Post mit kleinen Wäscheklammern daran. So können wir die Briefe und Karten immer wieder ansehen und haben mehr davon, als wenn wir sie auf einen Stapel in den Schrank legen."

Nele und Florin sind begeistert, und als am Abend der Vater nach Hause kommt, baumeln im Flur viele bunte Karten.

Lasst das Lied der Liebe weiterklingen

Text und Musik: Detlev Jöcker

1. Still, ganz still in je - ner Nacht, wart ein Kind zur Welt ge - bracht. Und die Hir - ten san - gen froh, für das klei - ne Kind im Stroh. Lasst das Lied der Lie - be wei - ter - klin - gen, so, wie da - mals in dem Stall. Als das Kind im Stroh ge - bo - ren wur - de, san - gen Men - schen ü - ber - all: Das ein neu - er Geist die Welt be - wegt, der durch die - ses Men - schen - kind erst lebt. Lasst das Lied der

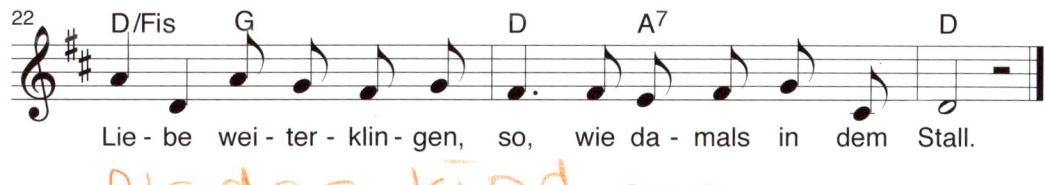

Lie - be wei - ter - klin - gen, so, wie da - mals in dem Stall.

Als das kind ...

2. Lang, ganz lang in jener Nacht,
hielten Ochs und Esel Wacht.
Könige, die sangen froh,
für das kleine Kind im Stroh.
Refrain: Lasst das Lied der Liebe weiter-
klingen ...

3. Schnell, ganz schnell, von überall,
kamen viele zu dem Stall.
Und die Menschen sangen froh,
für das kleine Kind im Stroh.
Refrain: Lasst das Lied der Liebe weiter-
klingen ...

22. Dezember

Für jeden **kleinen Weihnachtsstollen**, den die beiden Kinder mit Mamas Hilfe backen, brauchen sie:

- *300 g Mehl*
- *1 Würfel Hefe*
- *1 EL Öl*
- *2 EL flüssigen Honig*
- *¼ l warme Milch*
- *Zimtpulver*
- *2 EL gehackte Mandeln*
- *2 EL Rosinen*
- *2 EL Rum*
- *80 g Marzipanrohmasse*
- *Fett für das Backblech*
- *Puderzucker zum Bestäuben*
- *Zellophanpapier und Geschenkband zum Verpacken*

- *Das Mehl gibt man in eine große Schüssel und drückt mit der Faust eine tiefe Mulde hinein. In diese wird die zerbröselte Hefe gegeben, über die man anschließend die beiden Esslöffel Honig laufen lässt, so dass die Hefe ganz damit bedeckt ist.*
- *Dann erhitzt man die Milch leicht und gießt sie in die Mulde. Mit einem Löffel werden Hefe und Milch verrührt, bis sich die Hefe aufgelöst hat. Nun deckt man die Schüssel mit einem sauberen Handtuch ab und lässt den Vorteig ca. 15 Min. an einem warmen Ort gehen.*

„Gute Idee!", meint Nele. Denn tatsächlich hat sie noch kein Geschenk für ihre beste Freundin Rieke, die nebenan wohnt. Auch Florin braucht noch etwas für Frau Sommerfeld, die alte Dame, die im ersten Stock wohnt. Denn immer, wenn sie Florin trifft, hat sie eine Kleinigkeit für ihn und Nele. Deshalb hat sich Florin in diesem Jahr fest vorgenommen, Frau Sommerfeld zu Weihnachten eine kleine Freude zu machen.

- *Jetzt werden das Öl, etwas Zimt, die Mandeln, Rosinen und der Rum hinzugegeben und alles zu einem großen Teigklumpen verknetet, den man wieder mind. 45 Minuten ruhen lässt.*
- *Die Marzipanrohmasse rollt man zu einer langen Wurst und arbeitet diese in den Teig ein, während man ihn zu einem kleinen Stollen formt. Anschließend wird dieser auf das gefettete Backblech gelegt und bei 175° ca. 30-40 Minuten gebacken, bis er leicht gebräunt ist.*

- *Sobald der Weihnachtsstollen abgekühlt ist, bestäubt man ihn mit Puderzucker und verpackt ihn in Zellophanpapier. Mit dem Geschenkband bindet man den verpackten Stollen beispielsweise zu einem „Weihnachtsbonbon" oder macht einfach so eine schöne Schleife.*

23. Dezember

DER LETZTE ABEND VOR WEIHNACHTEN. AN DEM WOLLEN WIR ES UNS SO RICHTIG GEMÜTLICH MACHEN !

Am späten Nachmittag schließlich bittet Mama Nele und Florin, ihr beim Vorbereiten zu helfen. Heute Abend soll es nämlich ein vorweihnachtliches Essen geben und einen Weihnachtspunsch, der vor allen Dingen Kindern schmeckt.

Florin kümmert sich mit Papas Hilfe um das Essen, während sich Nele das Rezept für den Weihnachtspunsch anschaut, das Mama ihr auf einen Zettel gemalt hat. Auch hat Mama schon alle benötigten Zutaten neben den Herd gestellt, sodass Nele nicht lange suchen muss.

liest Florin vor. Nele ist froh darüber, denn in den letzten Tagen ging es wirklich sehr unruhig zu. Papa hat zwar schon Urlaub, aber ständig musste er etwas besorgen, war mit Mama einkaufen oder hatte wichtige Dinge zu erledigen, bei denen er weder Nele noch Florin gebrauchen konnte.

Auch Mama war oft gereizt und hektisch, weil sie sich Gedanken machen musste, was es Heiligabend zu essen gibt und was sie noch einkaufen muss. Und schließlich fing sie auch noch damit an, die ganze Wohnung zu putzen, als würde der Weihnachtsmann höchstpersönlich vorbeikommen!

Zum Abendessen gibt es köstliche Apfelringe.
Die bereitet man folgendermaßen zu:

Gebackene Apfelringe mit Zimt und Zucker

Für 4 Personen braucht man:

- *4 große Äpfel*
- *200 g Vollkornmehl, fein gemahlen*
- *125 ml Vollmilch oder süße Sahne*
- *3 Eier*
- *Gemahlene Bourbonvanille*
- *1 gestr. Teelöffel Zimt*
- *Nach Bedarf 2-3 Tropfen Bittermandel*
- *Fett für die Pfanne*
- *Puderzucker und Zimtpulver*

- *Die Äpfel werden geschält. Dann sticht man das Gehäuse mit einem Apfelausstecher heraus und schneidet die Äpfel in ca. 1-2 cm dicke Scheiben.*
- *Anschließend rührt man aus dem Mehl, den Eiern, der Milch und den Gewürzen einen dickflüssigen Teig an.*
- *Die Pfanne wird mit dem Fett erhitzt. Sobald es heiß ist, taucht man die Apfelringe in den Teig und gibt sie in die Pfanne, wo sie unter mehrfachem Wenden gebräunt werden.*
- *Die fertig gebackenen Apfelringe werden vor dem Servieren mit einer Puderzucker-Zimt-Mischung bestreut.*

Nele ist währenddessen schon eifrig damit beschäftigt den Weihnachtspunsch anzurühren:

Köstlicher Weihnachtspunsch

Zutaten für 4 Becher:

- *1 Liter naturtrüber Apfelsaft*
- *200 g brauner Zucker*
- *1 gestr. Teelöffel Zimtpulver*
- *5 Nelken*
- *3 Pimentkörner*

- *In einem Topf erhitzt man den Apfelsaft und den Zucker. Sobald sich dieser ganz aufgelöst hat, werden der Zimt, die Nelken und die zerbröselten Pimentkörner hinzugegeben.*
- *Den Punsch sollte man unter regelmäßigem Rühren mindestens 15-30 Minuten bei mittlerer Hitze durchziehen lassen. Dann füllt man ihn in Becher oder Tassen, die man noch mit kleinen Apfelscheiben dekorieren kann.*

Endlich ist alles fertig und gemeinsam nimmt die Familie am gedeckten Tisch Platz. Und während sich die vier alles schmecken lassen, erzählen sie sich von ihren Wünschen und rätseln, ob diese wohl morgen Abend in Erfüllung gehen ...

Doch ich muss warten

Text: August van Bebber / Musik: Detlev Jöcker

1. Mein Ad - vents - ka - len - der hängt an der Kü - chen - wand. Hat vier - und - zwan - zig Tür - chen. Ich bin ja so ge - spannt! Was ist nur da - hin - ter? Viel - leicht 'ne Scho - ko - nuss! Ich öff - ne jetz' ein Tür - chen, weil ich es wis - sen muss. Doch ich muss

Refrain

war - ten, ganz ein - fach war - ten! Ein einz' - ges Tür - chen nur und dann gleich wie - der

war - ten. _____ Bis mor - gen ist es noch so lang, _____

_____ dass ich es kaum er - war - ten kann. _____ Doch ich muss

im - mer wie - der, im - mer wie - der war - ten. _____

2. Morgens nach dem Frühstück,
halt' ich es kaum noch aus.
Dann öffne ich ein Türchen,
und hol' was Schönes raus.
Mein Adventskalender,
der wird nur langsam leer.
Doch bald ist Heiligabend.
D'rauf freu' ich mich schon sehr.
Refrain: Doch ich muss warten …

3. Dreiundzwanzig Türchen
sind endlich aufgemacht.
Die Zeit ist schnell vergangen.
Das hätt' ich nicht gedacht.
Einmal nur noch schlafen.
Ich wälz' mich hin und her.
Denn ich lieg' wach und wünsch mir,
dass heut schon morgen wär.
Refrain: Doch ich muss warten …

24. Dezember

HÖCHSTE ZEIT, DIE LETZTEN GESCHENKE ZU VERPACKEN!

lautet der allerletzte Sternenzettel am 24. Dezember. So ziehen sich Nele und ihr Bruder Florin ins Kinderzimmer zurück und machen sich daran ihre Geschenke zu verpacken, die sie für ihre Eltern, die Großeltern und ihre besten Freunde besorgt und gebastelt haben.

Schon in den letzten Tagen hatten sie sich Gedanken darüber gemacht, wie sie die Geschenke am besten verpacken können. Denn der Umwelt zuliebe sollte man schließlich nicht zuviel Geschenkpapier verwenden, das meist nach dem Auspacken sofort in den Müll wandert. Daher haben sich die beiden Geschwister einige leere Schuhkartons, Packpapier und Tageszeitungen aus dem Altpapier be-

sorgt. Sogar 2 unbedruckte Stofftaschen aus dem Supermarkt haben sie aufgetrieben.

Auch zur Dekoration konnten Nele und Florin schon Einiges vorbereiten. Beispielsweise haben sie eine Orange in dünne Scheiben geschnitten und diese einige Tage auf der warmen Heizung trocknen lassen. Außerdem hat Nele in der Küche ein paar Zimtstangen und Sternanis gefunden, das Mama nicht mehr braucht.

Das erste Geschenk packen die beiden in einen Schuhkarton, den sie mit bunter Farbe angemalt haben. Dann binden sie noch eine große Schleife aus breitem Geschenkband darum.

Das Geschenk für Mama kommt in eine mit Stoffmalfarben bemalte Tasche, die Mama nach dem Auspacken dann zum Einkaufen benutzen kann.

Papas Überraschung wird in braunes Packpapier eingewickelt. Als Verzierung kleben Nele und Florin den Sternanis, die Zimtstangen und einige der getrockneten Orangenscheiben darauf. Dann sieht das Geschenk nicht nur hübsch aus, sondern es duftet auch richtig weihnachtlich!

Die restlichen Geschenke verpacken Florin und Nele in Zeitungspapier, das sie mit bunten Sternchen und Tannenbäumen bemalen.

Am Abend bei der Bescherung werden Nele und Florin für ihre tollen, außergewöhnlichen Verpackungsideen gelobt. „Wir müssen uns aber auch bei euch bedanken!", meint Florin schließlich. „Das war der allerschönste Adventskalender, den wir je gehabt haben. Im nächsten Jahr wünsche ich mir wieder so einen.

Aber dann machen wir es abwechselnd. Einen Tag werden Nele und ich überrascht, und den Tag darauf denken wir uns etwas für euch aus!"
„Keine schlechte Idee!", lobt Papa. „Nur schade, dass es bis dahin noch so lange dauert ..."

Ein Engel im Pyjama

Text: Marcus Pfister / Musik: Detlev Jöcker

1. Am Baum die letz - te Ker - ze, _____ sie
   Es ist ganz still ge - wor - den, _____ die

fla - ckert nur noch schwach. Du
Flö - ten sind ver - stummt. Nur

ku - schelst dich ganz eng an mich und
hier bei mir liegt je - mand, der noch

bist noch im - mer wach. Weih - nachts - lie - der summt.

Ein En - gel im Py - ja - ma liegt

hier in mei - nem Arm. ___ Ich drü - cke dich ganz fest an mich, so

1. G | C

wird uns bei - den warm. Ein

2. B♭ | C | F

wird uns bei - den warm.

2. Du musstest lange warten,
auf diesen Weihnachtstag.
Auf den geschmückten Baum
und alles, was darunter lag.
Nun bist du eingeschlafen,
wir sitzen dicht beim Baum.
Ich deck dich zu und wünsche dir
den schönsten Weihnachtstraum.
Refrain: Ein Engel im Pyjama
schläft selig neben mir.
Ein Leben voller Frieden
wünsch' ich von Herzen dir.